استراتيجيات
التقويم التربوي الحـديث وأدواته

تأليف
الاستاذ مصطفى نمر دعمس

الطبعة الأولى
2010م – 1431هـ

المحتويات

الموضـــــوع	الصفحة
تمهيد	7
التقويم	9
تعريف التقويم	12
مسوغات التقويم	13
المفاهيم المتعلقة بالتقويم	15
القياس	16
الفرق بين القياس والتقويم	17
ما هي طبيعة القياس والتقويم	21
العلاقة بين القياس والتقييم والتقويم	27
أهم المجالات التي يتطلبها التّقويم	28
أسس عملية التقويم	30
أنواع التقويم	31
أهداف التقويم	34
أبعاد عملية التقويم	35
قواعد عامة في تقويم الطالب	36
مهارات التقويم	41
ملامح مجتمع القرن الحادي والعشرين	42
العلاقة العكسية بين التدريس والتقويم	49
تقويم النتاجات العامة	51
استراتيجيات التقويم	58
كيف تصمم استراتيجية التقويم	60
ما المقصود بأدوات التقويم؟	61
أولاً: استراتيجية التقويم المعتمد على الأداء	63
ثانياً: استراتيجية الورقة والقلم	64
الاختبارات	65
أنواع فقرات الاختبارات الموضوعية	74
ثالثاً: استراتيجية الملاحظة	90

91	رابعاً: استراتيجية التواصل
93	خامساً: استراتيجية مراجعة الذات
96	استراتيجيات التسجيل (أدوات التقويم)
101	تقويم التعلم بالاستقصاء وحل المشكلات
102	ما المقصود بالاستقصاء ؟
103	طريقة المشكلات
114	مهارات الاستقصاء ومحكات تقييمها
117	التقويم الذاتي
118	منطلقات استراتيجية التقويم الذاتي
123	نماذج التقويم
130	تكنولوجيا المعلومات والاتصالات (ICT) كأداة للتعلم
134	دور المعلم في تطوير أنشطة جمع المعلومات وتفسيرها وتقويمها
138	تصميم استبيانات كأداة تقويم
140	الملاحق
163	قئمة المصطلحات
177	المراجع

تمهيد:

تسعى معظم الدول إلى تطوير العملية التعلمية التعليمية، وتحديثها، لتلبية متطلبات التطورات الحديثة؛ ولأن هذه العملية هي عملية متحركة ومتطورة ومتغيرة بحكم تطور الحياة والمجتمعات، فقد شمل تطوير شامل لجوانب العملية التعلمية التعليمية؛ لكي يكون التعليم محققاً لطموحات الأمة ملبياً لآمالها وتطلعاتها في حياة أكثر رقياً وتطوراً ونماءً وازدهاراً.

ان تحديث المناهج وتطوير عناصرها (الأهداف أو النتائج العامة والخاصة للمنهاج – محتوى المنهاج – استراتيجيات التدريس والتقويم) هو السبيل الأمثل لتطور التعليم، ولمعرفة مدى ما تحقق من الأهداف المنشودة في العملية التربوية من خلال تنوع أساليب التقويم ؛ لكي يساير روح العصر- وتحقيق الغايات والطموحات، ولا سيما في هذا العصر الذي يتسم بالعلم والتقنية والتطورات العلمية والاقتصادية والتربوية والانفجار المعرفي الهائل وثورة المعلومات والاتصالات.

وخلال السنوات الأخيرة زاد الاهتمام بالاستراتيجيات المعرفية والاجتماعية على حساب الاستراتيجيات السلوكية التي كانت مسيطرة على حقول التربية خلال العقود الماضية. ويعود السبب إلى ان معظم الدول اتجهت نحو الاقتصاد المعرفي (ERFKE)، نتيجة التطور وانفجار المعرفة في القرن الحادي والعشرين واستخدام التقنيات الحديثة في مجال الاتصالات بالإضافة إلى زيادة الاهتمام بتعليم الطلبة طريقة الحصول على المعرفة وتنمية أنماط التفكير المختلفة لديهم أكثر من تحصيل المعرفة نفسها.

ونتيجة لمستجدات المناهج المطورة وما تحويه من استراتيجيات تعليمية وتقويمية حديثة؛أضع كتابي هذا بين يدي زملائي المعلمين الكرام ؛ انسجاماً مع أهداف التطوير التربوي نحو الاقتصاد المعرفي، ويرى (بياجيه) أن التطور المعرفي للفرد هو نتيجة طبيعية لتفاعل الفرد مع بيئته. ويفسّر هذا التطور المعرفي على أساس عمليتين هما:

الاستيعاب – (Assimilation)

التكيف – (Accommodation)

ان هناك أربعة أنواع من التكنولوجيا التطبيقية التي تعتمـد عليهـا الثـورة المعرفيـة في عصرنـا الحالي وخاصة في قطاع التعليم:

1. تكنولوجيا التعليم: Technology Education

وتتمثل في الوسائل السمعبصرية وأجهزتها وتجهيزاتها وخدماتها المطبقة في عالم التربية.

2. تكنولوجيا المعلومات: Information technology

مجموعة من الأدوات التي تساعدنا في استقبال المعلومة ومعالجتها وتخزينها... بشـكل الكتروني باستخدام الحاسوب. ومن هذه الأدوات الحاسوب والطابعة والأقراص والشبكات. المحلية والداخلية والدولية مثل الانترنت والانترانت وغيرها.

3. تكنولوجيا الاتصال: Communication technology

وتتمثل في الألياف البصريـة ووصـلات المايكرويف والأقـمار الاصطناعية وهوائيـات الاسـتقبال والهواتف النقالة.

4. التكنولوجيا الرقمية: Digital technology

وهي التي تمكـن الإنسـان مـن خلالهـا تحويـل كافـة مـواد تكنولوجيـات التعليم والمعلومـات والاتصال التماثلية والتقليدية إلى أشكال رقميـة مثل المـواد والوسـائل التعليميـة كالشـفافيات والشـرائح والمجاهر والصور. Digital Microscope. قد تم تحويلها إلى أشكال رقمية على أشكال مختلفة مثـل المجهـر الرقمي.

المؤلف

التقويم

مرت عملية التقويم بمراحل تاريخية مختلفة، وتطورت وسائلها بتطور حياة الإنسان، ففي العصور القديمة استخدم الإنسان التقويم بإصداره نوعاً من الأحكام على الظواهر البيئية، والناس الذين يعيش معهم، فكان يدرك على سبيل المثال، أن فلاناً من الناس قوي وآخر ضعيف.

وقد ذكرت كلمة التقويم مرة واحدة في القرآن الكريم، قال تعالى:

لَقَدْ خَلَقْنَا الْإِنسَانَ فِي أَحْسَنِ تَقْوِيمٍ #التين٤ .

ثم انتقل التقويم بسبب تعقد الحياة، ليقوم به (معلم الحرفة) الذي كان يصدر أحكامه على المتتلمذين على يديه ويقرر إلى أي مدى أتقن كل واحد منهم الحرفة التي يمارسها. فكانت الغاية العامة من التقويم في العمل هو الحكم على قيمة الوظائف، والوصول إلى تقدير كمي ونوعي لسلوك العاملين فيها...

وتطور تقويم الوظائف عبر التاريخ، ويعتبر فريدريك تيلر من أوائل الذين نادوا بوجوب تقويم الوظائف عام 1880م، حينما قام بتحليل العملية الإنتاجية في شركة المعادن وتوصل إلى تحديد ماهية الوظائف المطلوبة لسير العمل فيها، وإلى تحديد الصفات المطلوبة فيمن يصلح لشغل كل وظيفة وكل عمل فيها. (د. سامي عارف، 2007).

وارتبط التقويم بالزمن كالتقويم الهجري والتقويم الميلادي. وكذلك تقويم برامج الأعمال المختلفة لملاحظة أداء الأفراد والعاملين في المؤسسات سواء كانت رسمية أو غير رسمية والشركات.... الخ لدراسة مدى تحقيق الأهداف،واكتشاف مواطن الضعف والقوة من أجل اتخاذ النتائج المناسبة في هذه المؤسسات والشركات، ويهمنا هنا التقويم في المجال التربوي ؛ بهدف إنتاج تعلم عالي الجودة، كما أن التوجه الراهن تربوياً نحو تطبيق اتجاهات حديثة في استراتيجيات التقويم وأدواته، من أجل

ملاحظة التعلم وتحسينه بدلاً من ملاحظة التعليم وتحسينه، للحصول على مؤشرات أفضل لقياس مدى تعلم الطالب لينخرط فيها المتعلمون والمعلمون معاً إذا ما

أريـد للتقـويم أن يحسـن الجـودة ؛ للوصـول إلى هـدف مشـترك وهو تحسـين الـتعلم والتعليـم. (
Thomas.Angelo 2004)

العلاقة بين التقويم التربوي والعملية التربوية

لم يخل أي نظام تربوي في أي عصر من العصور من طريقة أو تقنية من تقنيـات التقويم، فقـد عرف الإنسان القديم الاختبارات واستخدمها الصينيون معيارا للالتحاق بالوظائف ونقل عـنهم الأوربيـون هذا النظام في التقويم وعرفوا الاختبارات الشفوية التي ظلت سائده حتى أواسـط القـرن التاسع عشرـ في أوروبا، ثم دخلت عمليات القياس والتقويم مرحلة جديـدة في مطلـع القـرن العشريـن بـدخول اختبـارات الذكاء على يد الفرد بنيه وسايمون.

يمثل التقويم أحد أهم المداخل الحديثة لتطوير التعليم، فمن خلاله يتم التعرف على أثـر كـل ما تم التخطيط له وتنفيذه من عمليات التعليم والتعلم، ونقـاط القـوة والضعف فيهـا، ومـن ثـم اقتراح الحلول التي تساهم في التأكيد على نقاط القوة وتدعيمها، وتلافي مواطن الضعف وعلاجها.

أي أن التقويم في العملية التعليمية يشمل عدة عناصر أهمها: تقويم المـنهج الـدراسي بعنـاصر المختلفة (الأهداف - المحتوى - استراتيجيات التعليم والتعلم - التقويم)، وتقويم المعلم، وتقويم نتاجـات المنهج.

والمحصلة النهائية للمنهج، أو نتاجه، هو الطالب، أو على الأصح التغير الـذي حـدث في سـلوكه نتيجة تفاعله مع المنهج. ويمكن تقويم المـنهج بـالتغير الـذي أحدثـه عـلى سـلوك الطالـب معرفيـاً وعقليـاً ووجدانياً ومهارياً من مستوى معين إلى مستوى آخر مرغوب فيه، تعبر عنه أهداف المنهج.

لذلك يعتبر التقويم التربوي أحد الأركان الأساسية للعملية التربوية، وهو حجر الزاوية لإجـراء أي تطوير أو تجديد تربوي يهدف إلى تحسين عملية التعلم والتعليم في أية دولة. كما وينظر للتقويم التربـوي من قبل جميع متخذي القرارات التربوية على أنه الدافع الرئيس الذي يقود العاملين في المؤسسـة التربويـة على اختلاف

مواقعهم في السلم الإداري إلى العمل على تحسين أدائهم وممارساتهم وبالتالي مخرجاتهم.

فالتقويم التربوي يسهم في معرفة درجة تحقق الأهداف الخاصة بعملية التعلم والتعليم، ويسهم في الحكم على سوية الإجراءات والممارسات المتبعة في عملية التعلم والتعليم، ويوفر قاعدة من المعلومات التي تلزم لمتخذي القرارات التربوية حول مدخلات وعمليات ومخرجات المسيرة التعليمية التعلمية.

ويساعد التقويم التربوي على التخطيط للأنشطة التدريسية وأساليبها، وهو الذي يطلع الأفراد على اختلاف علاقتهم بالمؤسسة التربوية بجهود هذه المؤسسة ودورها في تحقيق الأهداف التربوية العامة للدولة. كما ويلعب التقويم التربوي دورا دافعا وحافزا للطلبة والمعلمين والتربويين لبذل الجهد المطلوب للوصول إلى الأهداف المرجوة من عملية التربية والتعليم من خلال حمل المعلمين على بذل مزيد من الجهد والعمل لتحسين أساليبهم الصفية التدريسية، وحمل الطلبة على بذل مزيد من الجهد والتركيز والتعاون مع المعلمين والقائمين على البرامج التربوية .

التقويم التربوي يسهم في الوقوف على فاعلية الإجراءات التي تتم ضمن المؤسسة التربوية، والتأكد من مدى فاعليتها من حيث تبيان مدى الإنجازات التي تم تحقيقها والأوضاع الراهنة لها وما تتصف به من نواحي ضعف وقوة، وما تتطلبه من إجراءات تطويرية للأوضاع القائمة، أو تبني سياسات تربوية جديدة. من هنا نرى أن هنالك مجالات تطبيقية متعددة ومتباينة للتقويم التربوي في أي نظام تربوي ضمن أي مستوى من مستوياته، وضمن أي مكون من مكوناته.

ويقول د بهاء الدين الزهوري إن التقويم التربوي، يتضمن – بشكل خاص – تحديد مستويات الطلاب وإنجازاتهم ومعدلات تقدمهم في جميع الخبرات التي تقدمها المدرسة لهم، سواء أكانت هذه الخبرات – نظرية أو عملية – مرتبطة بحياتهم الخاصة أو بحياة المجتمع الذي يعيشون فيه.

تعريف التقويم:

التقويم لغة:من قوم أي صحح وأزال العوج وقوم السلعة بمعنى سعرّها.

التعريف العلمي: عرف بلوم (Bloom, 1967) التقويم بأنه إصدار حكم لغرض ما على قيمة الأفكار أو الأعمال أو الحلول أو الطرق أو المواد، وأنه يتضمن استخدام المحكات(Criteria) والمستويات (Standard) والمعايير(Norms) لتقدير مدى كفاية الأشياء ودقتها وفعاليتها.

وعرف جرونلند (Gronlund, 1976) التقويم بأنه عملية منهجية، تحدد مدى ما تحقق من الأهداف التربوية من قبل الطلبة، وأنه يتضمن وصفاً كميا وكيفياً، بالإضافة إلى إصدار حكم على القيمة .

وفي مجال التربية يقترن مفهوم التقويم لدى غالبية المعلمين بالاختبارات التي يركز فيها على تقويم التحصيل المعرفي للطلبة فقط، وعندما تطورت النظريات التربوية بدأ مفهوم التقويم التربوي يتطور ويتشعب، فأصبح التقويم التربوي يسعى إلى تقويم المتعلم من جميع جوانبه، أو تقويم العملية التربوية بجميع متغيراتها، ولم يعد قاصراً على تحديد كفاية العملية التربوية وفعالياتها، من خلال تقويم أحد مخرجات هذه العملية بل أصبح التقويم شمولياً وفعالياتها، من خلال تقويم أحد مخرجات هذه العملية أصبح التقويم شمولياً في منهجه، يتناول تقويم الأهداف والمدخلات فضلاً عن تقويم العملية التربوية ذاتها، وتقويم المخرجات النهائية لهذه العملية .

التقويم التربوي هو وسيلة لمعرفة مدى ما تحقق من الأهداف المنشودة في العملية التربوية ومساعدا في تحديد مواطن الضعف والقوة وذلك بتشخيص المعوقات التي تحول دون الوصول إلى الأهداف وتقديم المقترحات لتصحيح مسار العملية التربوية وتحقيق أهدافها المرغوبة.

من هنا كان التقويم وسيلة للتشخيص لمعرفة مستويات المتعلمين وبالتالي تطويع المادة العلمية وأساليب تدريسها لتتناسب مع كل متعلم.

كذلك هو وسيلة للعلاج بتقديم التوصيات التي تصحح العملية التربوية للوصول إلى الأهداف المنشودة كما أنه وسيلة للوقاية باتخاذ احتياطات تجنب المعوقات التي ظهرت أثناء العملية التربوية.

التقويم كمفهوم عام عملية يتم فيها:

(إعطاء وزن أو قيمة وزنية لأي جانب من جوانب النشاط الإنساني، من حيث كماله أو نقصانه أو من حيث صوابه أو خطئه، جماله أو قبحه، خيره أو شره).

مما سبق يتضح أن التقويم عملية منظمة لجمع المعلومات حول ظاهرة ما، وتصنيفها، وتحليلها وتفسيرها لمعرفة مدى بلوغ أهداف التعلم، وذلك للوصول إلى أحكام عامة بهدف اتخاذ القرارات الملائمة .

مسوغات التقويم:

تعتبرمهمة التقويم التربوي مهمة مركبة، تشتمل على عدد من العمليات أو المهمات الفرعية المترابطة والمتكاملة، ويمكن تحليلها إلى المهمات الفرعية والخطوات الإجرائية التالية:

1-تحديد المعايير للجانب المراد تقويمه .

2-تحديد الأدوات اللازمة أو إعدادها لجمع المعلومات والبيانات المناسبة المتصلة بالجانب المستهدف، وبيان وجهة استعمال كل منها .

3-جمع المعلومات باستخدام الأدوات المناسبة وبواسطة أشخاص مدربين أكفاء .

4-تحليل البيانات الخام بطرق تضمن الحصول على صورة موضوعية وواضحة عن الموقف أو الواقع أو الجانب الذي يجري تقويمه.

5-تفسير النتائج التي يتم الحصول عليها من خلال التحليل الموضوعي للبيانات وفي ضوء المعايير المحددة لعملية التقويم .

6-إصدار الأحكام القيمية حول مدى مطابقة أو عدم مطابقة الواقع أو الموقف الذي جري تقويمه مع المعايير أو انحرافه عنها .

7-أخذ القرارات اللازمة لإحداث التغير أو التعديل أو التطوير أو المزيد من عمليات التقويم. (بلقيس،1990).

8-الرضا الشخصي والنفسي حين يكون العمل منصباً على الوصول إلى هدف مشترك وهو تحسين التعلم والتعليم. (Thomas.Angelo 2004).

وعند تطوير المناهج وممارسات التدريس لا بد من تطوير اساليب التقويم، ويشتمل على ما يلي:

1. الاطار النظري ويشتمل على معلومات حول أهداف التقويم وتعريفات لمفاهيم التقويم، والقياس، والتقييم، والتقارير.
2. التقويم الواقعي Authentic Assessment: وهو تقويم يهتم بجوهر عملية التعلم، ومدى امتلاك الطلبة للمهارات المنشودة؛ بهدف مساعدتهم حميعاً على التعلم في ضوء محكات أداء مطلوبة.
3. استراتيجيات التقويم وتضم استراتيجيات التقويم المعتمد على الأداء، والملاحظة، والتواصل، ومراجعة الذات، والقلم والورقة.
4. أدوات التقويم وتضم أدوات قائمة الرصد، وسلم التقدير، وسلم التقدير اللفظي، وسجل التعلم، والسجل القصصي.
5. التقويم الصفي: وهو التقويم الذي يلازم عملية التدريس اليومية، ويهدف إلى تزويد المعلم والمتعلم بنتائج الأداء بإستمرار، وذلك لتحسين العملية التعليمية، اي انه يستخدم لتعرف نواحي القوة والضعف، ومدى تحقق الأهداف، والاستفادة من التغذية الراجعة في تعديل المسار نحو تحقيق هذه الأهداف وتطوير عملية التعليم.

يتسم التقويم الصفي بأنه مرن حيث يستخدم استراتيجيات وأدوات تقويم مناسبة. ممّ يطور المعلم مهنياً دون الحاجة إلى تدريب خاص.

وفي التقويم الصفي تتعدد المواقف التي تستخدم فيها هذه الاستراتيجيات والأدوات لقياس نواتج التعلم المختلفة مثل: ميول الطلبة واتجاهاتهم ومهاراتهم وسلوكياتهم المعرفية والوجدانية

6. تطوير وسائل الاتصال بين المتعلم والمعلم، وبين المدرسة والمجتمع، عبر وسائل متعددة منها:

الاتصالات المكتوبة كالتقارير واللوحات الإعلانية وملف الطالب، والاتصالات الشفوية كالهاتف واللقاءات بين أولياء الأمور والمعلمين والطلبة أو الورش التدريبية ن وكذلك المجالس التعاونية ومنها مجلس أولياء الأمور والمعلمين ومجلس الطلبة. ومن الوسائل الحديثة التي يمكن الاتصال مـن خلالها

الوسائل التقنية كالبريد الالكتروني وموقع المدرسة الالكتروني. (الفريق الوطني للتقـويم / الأردن 2004).

المفاهيم المتعلقة بالتقويم:

التقويم التربوي: هو تصحيح تعلم الطالب وتخليصه من نقاط ضعفه وتحصيله. ويشمل تقـويم كل من:

- تقويم إنجازات الطلاب في التعليم
- تقويم المعلم
- تقويم طرائق أو استراتيجيات التدريس
- تقويم المنهج المدرسي
- تقويم الإمكانيات المختلفة
- تقويم كل ما يتعلق بالعملية التربوية والتعليمية ويؤثر فيها.

القياس

تعريف القياس: القياس لغة:

من قاس بمعنى قدرّ نقول قاس الشيء بغيره أو على غيره أي قدّره على مثاله القياس (تعريف علمي) عرفه وبستر (Webster) بأنه التحقق بالتجربة أو الاختبار من الدرجة أو الكمية بوساطة أداة قياس معيارية. فالقياس عملية نصف بها الأشياء وصفا كمياً.

أدوات القياس:

ظهرت تعريفات وتفسيرات متعددة لمفهوم اداة القياس ولكنها تجمع على تفسير في انها الطريقة أو الأسلوب الذي تقاس به صفة أو ظاهرة أو موضوع ما إذ يعرف مهرمز اداة القياس بانها اداة منظمة لقياس الظاهرة موضوع القياس والتعبير عنها بلغة رقمية.

أما كرونباخ فيعرفها بانها طريقة منظمة للمقارنة بين سلوك شخصين أو اكثر.

القياس اصطلاحاً: هو الرقم الذي يحصل عليه الطالب نتيجة إجابته عن الأسئلة.

- القياس التربوي: هو وصف كمي أو رقمي لما حصله الطالب.
- أدوات القياس: يتم باستعمال الاختبار أو الفحص فقط.
- ملاحظة / القياس سابق للتقييم وأساس له.

التقييم:

التقييم: هو إصدار الحكم على قيمة الشيء.(فقط دون تعديل)

التقييم: هو إعطاء قيمة لشيء ما وفق مستويات محددة.

التقييم التربوي: هو بيان تحصيل الطالب أو مدى تحقيقه لأهداف التربية. من خلال ما يلي:

- إصدار الحكم على تحصيل الطالب نموه وصحته وقدراته واستعداداته وذكائه ومهاراته وتكيفه.
- الحكم على نتائج القياس التربوي أي مدى كفاءة الدرجات التي تمثل تحصيل الطالب أو ما يمتلكه من مقدره.

الفرق بين القياس والتقويم

التقويمEvaluation والقياس Measurement عمليتان طبيعيتان نمارسها في حياتنا اليومية بطريقة شعورية أو لا شعورية فكل واحد من يحاول أم قياس أو مقارنة مستوى أدائه أو مستوى الخدمات المقدمة له وفق معاييره الخاصة أو حسب خبرته السابقة أو حسب المعايير الاجتماعية أو الأكاديمية، فأحيانا نقيس أو نقارن بين أدائنا الآن وبين أدائنا في السنوات الماضية أو بيننا وبين اقرننا فتحن في العادة لا نسال أنفسنا هل نقيس أولا أم نقارن وعليه نصدر التقويم آم العكس.

فهل يمكننا الفصل بين التقويم والقياس؟ وهل هناك فرق بيينهما ؟ آم أنهما عمليتان مكملتين لبعضهما البعض.

يختلف مفهوم التقويم عن مفهوم آخر مرتبط به هو القياس. فالتقويم أساسا اعطاء حكم، بينما القياس هو تقدير الأشياء والمستويات تقديرا كميا عن طريق استخدام وحدات رقمية مقننة، فالتقويم أشمل وأعم من القياس لأنه يشمل القياس مضافا إليه حكم معين مع اتخاذ الاجراءات التي تكفل الوصول إلى الأهداف المنشودة.

يمكننا القول إن الفرق بين التقويم والقياس يتمثل في إن القياسMeasurement يقتصر على الأحكام التحليلية للظواهر (Analytical) والتي تعتمد على استخدام المقاييس والاختبارات، أما التقويمEvaluation فهو يمتد إلى الأحكام الكلية (Global) للظواهر. وعملية التقويم تهدف إلى إصدار أحكام على قيم الأشياء أو الأشخاص، وتتضمن عملية التقويم استخدام محكات (Criteria) أو معايير (Norms) وذلك لتقدير كفاية الأشياء أو فعاليتها.

فالقياس Measurement هو وصف كمي لمقدار السمة التي يمتلكها الفرد، ولا يرقى ذلك إلى إصدار أحكام حول تلك السمة، آم التقويم Evaluation هو عملية إصدار الحكم أو وصف كمي أو نوفي للدرجة أو لمستوى الأداء.

وهناك مصطلح أخر هو التقييم Assessment فقد شاع استخدام في مجال قياس الشخصية وفي وصف أداء أو إنتاج الفرد في العمل أو البرنامج التدريبي في ضوى عدد من المحكيات كالامتحانات التجريدية وغيرها. وبعض الدراسات تشير إلى إن كل من التقويم والتقييم مصطلحين يعبران عن عملية واحده، وآخرون يرون أن لفظ تقويم في اللغة العربية هو الأقرب والأنسب من لفظ التقييم والبعض أتفق إن التقويم يشمل كن من القياس والتقييم.

خصائص التقويم الجيد

1- أن يكون هادفا: وذلك بتحديد الأهداف التي يسعى لتحقيقها.
2- أن يكون مستمرا: فالعمل الناجح يحتاج دوما لمتابعة.
3- أن يكون تعاونيا: يشترك فيه المدرس والطالب والمشرف الفني والموجه والناظر كي يتخلص من القرارات الفردية.
4- أن يكون علميا: يتميز بالصدق والثبات والموضوعية.
5- أن يكون مميزا: يساعد على التمييز بين مستويات الطلاب (الفروق الفردية).
6- أن يكون شاملا: يتناول الجوانب الرئيسية للوحدة الدراسية (الحقائق والمهارات والاتجاهات).

يتم تقويم نمو المتعلم في الجوانب الآتية

أ - المجال المعرفي: التذكر – الفهم – التطبيق – التحليل – التركيب – التقويم.
ب – المجال الأدائي "النفسحركي": المهارات العقلية– الاجتماعية– الأدائية.
ج – المجال الوجداني: الميول– الاتجاهات- القيم.

والتقويم التربوي لا يقتصر في مفهومه على تقدير قيمة الشيء ووزنه مثل (أداء الطلاب) وإنما يتعدى ذلك إلى إصدار أحكام على هذا الأداء، بكشف مواطن الضعف والقوة فيه، ومحاولة تعديله أو تطويره. وبهذا فإن التقويم يتضمن بشكل موجز ما يلي:

1 – التقويم هو إصدار قيمة الشيء مع التصحيح أو التعديل.

2 – إصدار أحكام على موضوع التقويم: أشخاص أو برامج أو جدول زمني...الخ.

3 – وسيلة المعلم في الحكم على مدى تقدّم تلاميذه نحو الأهداف التّربوية المنشودة، والتي تنطلق من مبدأ إحداث تغيّرات معيّنة في سلوكهم، مستندا في ذلك إلى التّغذية الرّاجعة؛ وبالتالي إظهار نواحي الضعف والقوة.

4 – التحسين أو التطوير للبرامج القائمة ومدى نموها من أجل تحقيق الأهداف المرسومة.

5 – التقويم هو عملية تربوية مستمرة شاملة تشخيصية علاجية تهدف إلى إصدار حكم على التحصيل الدراسي للطالب.

6 – إن التقويم عملية تقييم منظمة Systematic Assessment لعمليات البرنامج ونواتجه، أو لسياسة معينة يتبناها البرنامج، في ضوء مجموعة من المحكات الصريحة والمضمرة كوسيلة للإسهام في تحسين البرنامج أو السياسة التي يتبناها البرنامج.

7 – التقويم هو صناعة عملية مصممة لجعل البرنامج يعمل بشكل أفضل.

8 – هو تجميع وتحليل منظم للبيانات والمعلومات الضرورية لصنع القرارات. وهو عملية تلجأ إليها معظم المؤسسات لتقويم برامجها منذ بداية تنفيذها وتطبيقها.

9- التقويم يتضمن اتخاذ قرار.

10- هو جهود عقلانية تستعمل في الغالب الطريق التجريبية أو أي طرق أخرى من طرق البحث بهدف توفير المعلومات الضرورية لاتخاذ القرار المتعلقة

بالخطط والبرامج السياسات المقومة، فالأهداف والنتائج هما العاملان الأساسيان في بحوث التقويم.

11- التقويم هو تقدير مدى صلاحية أو ملائمة شيء ما في ضوء غرض ذي صلة. لأنه جزء لا يتجزأ من عملية الإنتاج، ومقوم أساسي من مقوماتها، ويدفع الأفراد لمزيد من العمل والإنتاج من خلال التوظيف الجيد للتّغذية الرّاجعة (د. سامي عارف، 2007).

ماذا يقصد بالتقويم في الدراسات التربوية الحديثة؟

يعد التقويم أحد أهم المصطلحات التّربوية؛ لأنّ التّحكم في المصطلح هو في النّهاية تحكمٌ في المعرفة المتوخى إيصالها.

وفي ظلّ غياب منهجية دقيقة للوضع الاصطلاحي، والتّخلق الزّمني في إيجاد المقابلات العربية للمصطلحات المستحدثة في اللغات الأجنبية، وانعدام مبدأ النظام في نقل المفاهيم العلمية الأجنبية إلى اللغة العربية أو ترجمتها، فقوبل المصطلح الأجنبي الواحد بأكثر من مصطلح عربي، فكثر الاشتراك اللفظي والدّلالي على حدٍّ سواء، وأُثيرت إشكاليات عديدة كالتي تتعلق بمصطلح التقويم ومفهومه، وما هي موضوعاته؟ وأنواعه؟ وسعته التّربوية؟ وخصائص جودته وتميُّزه؟ وكذلك الفرق بين التقويم والقياس ؟

يمثّل التّقويم في مفهومه الشّمولي عملية تثمين الشّيء بعناية ابتغاء التّأكد من قيمته.

ولما كان التثمين ينضوي تحت مفهوم الحكم، وكان مصطلح الشيء يقتصر على الصّفة المادية والمعنوية معا، كان التّقويم هو الحكم الصّادر على قيمة الأشياء أو الموضوعات أو المواقف أو السّلوكات أو الأشخاص، استنادا إلى معايير ومحكات معينة. وعليه اعتبرت العناية شرطاً أساسياً تقف عليه عملية التّثمين.

وثمة تصوّر آخر يجري مجرى مفهوم التّقويم من حيث التّرجيح وإصدار الحكم، وبضدّه من حيث المحكوم عليه. فالأول شيء، والثاني نشاط.

ويرى هذا المفهوم أنّ "التّقويم هو إعطاء وزن نسبي، أو قيمة وزنية لجانب من جوانب النّشاط من حيث اكتماله أو نقصانه، أو من حيث الصّواب أو الخطأ. وقد يكون هذا الحكم كيفيًا أو كميًّا، نحو الثّناء على طالب تفوق، أو إعطائه العلامة المناسبة.

ومواصلة في الشّمولية فقد أُستخدم مصطلح التقييم للدّلالة على معنى التقويم. وفي هذا الاستخدام خطأ مفهومي حاد؛ لأنّ التّقييم يدل على بيان قيمة الشيء دون تعديل أو تصحيح ما اعوج منه، بخلاف التّقويم الذي يعني هذا الإصلاح.

ما هي طبيعة القياس والتقويم

The Nature of Measurement and Evaluation ?

في المجال التّربوي، وبتحديد أدق في التّربية التقليدية، دلَّ مصطلح القياس على مفهوم التّقويم من حيث هو "عمليّة تتمثل ببساطة في القياس القبلي والبعدي للأهداف العمليّة، مع استنتاج إنجاز هذه الأهداف أو عدم إنجازها، وإصدار الحكم القيمي الإيجابي أو السلبي المناسب".

ويقترن مصطلح القياس بالمفهوم العددي والمادي، كأنْ نُقدِّر محسوساً، فنعطيه قيمة ما. لكن إذا تعلّق الأمر بسلوكات الطالب مثلاً، وقدراته العقلية والانفعالية، ودرجات استيعابه للدّرس، فإنّ القياس لن يكون بالموضوعية نفسها فهو -هنا- يعطي فكرة جزئيّة عن الشّيء الذي نقيسه، حيث يتناول ناحية محدّدة فقط. فالقياس عمليّة تقدير أشياء مجهولة الكم أو الكيف باستعمال وحدات رقمية مُتّفق عليها"، نحو قياس أبعاد طاولة ما.

إنّ تقدير هذه الأبعاد يعطينا طول الطاولة وعرضها وارتفاعها بوحدة القياس المُتّفق عليها وهي (المتر)، لكن لا يمنحنا مادة صنعها ولونها وحالتها. فالقياس هو عملية التعبير الكمي عن الخصائص والأحداث بناء على قواعد Rules وقوانين محددة.

ويمكن أن يشمل القياس على ثلاث مجموعات هي:

١) مجموعات الأرقام والرموز

٢) مجموعات الخصائص أو الأحداث أو السمات

3) مجموعات القواعد والقوانين.

وقد حدد خبراء القياس خمس مشكلات أساسية تواجه تطوير أدوات القياس في مجالات النفسية وهي:

1- لا توجد طريقة محددة لتعريف الابنية النفسية، مقبولة عالميا.

2- تعتمد المقاييس النفسية على عينات سلوكية.

3- اخذ عينات من السلوك يؤدي إلى اخطاء في القياس.

4- وحدات القياس ليست محددة على نحو جيد.

5- يجب أن تظهر المقاييس علاقات بمتغيرات أخرى حتى تصبح ذات معنى. (croker & Algina, 1986).

وعليه فالتّقويم غير القياس، حيث: يُقدِّر القياس الجزء، ويتناول التّقويم الكلّ. فبإمكاننا القول إن التقويم يشمل القياس وليس العكس.

فالقياس هو عملية تشير إلى معايير محدودة أما كمية أو نوعية ولا تصل إلى درجة إصدار حكم.

أما التقويم يساعد صناع القرار بالإضافة إلى انه عملية مقارنة بين مستوى تقديم خدمة أو برنامج في أكثر من إقليم وفقا معايير محددة متفق عليها أو معايير أخرى، فهو يختلف عن الرقابة التي تقارن وتحاسب، فالتقويم يهدف إلى التحسين والتطوير وتوجيه النشاط نحو الهدف.

يُكمِّل التَّقويم القياس حين يقصر هذا الأخير على أن يمدنا بخصائص وسمات الشّيء المراد قياسه، ومن ثمة الوقوف على مواطن الضعف، أو نواحي القوة. فقولنا أنّ الطالب أخذ خمسة من عشرين، لا يمدّنا بمعلومات عن هذا الطالب، ولا يمكّننا من تحسّس مواطن ضعفه، ومن ثمة اقتراح العلاج والبدائل. فلا ندري أنّ هذا الطالب مجتهد، تعثر يوم الامتحان، أم أنّه ضعيف المستوى لم يتمكن من استيعاب السؤال، أو غير ذلك.

يُعدُّ التقويم وسيلة تشخيص للواقع تُسهل الوقوف على نقاط القوة والضّعف، وهو أداة علاج لما اعترى هذا الواقع من عيوب، حيث يعطينا صورة عن جميع المعلومات

التي لها علاقة بتقدّم الطالب سواء أكانت هذه المعلومات كمية أم كيفية، وذلك باستخدام القياس والملاحظة والتجريب، ويمتدّ إلى العلاج والأسباب والوقاية أيضاً، بخلاف القياس الذي يعطي معلومات تُعلمُها المحدودية.

يتأسس التقويم على نتائج نستمدّها من القياس، فلا نستطيع أن نثني مثلا على طالب وننصحه بمواصلة الاجتهاد، أو نوبّخه ونبيّن له جوانب تقصيره، ما لم نكن على إطلاع بعلامته.

تستند هذه الشّمولية إلى تطور الفلسفة التّربوية التي أصبح في ضوءها التقويم يرتكز على نماذج علمية، تمثل دعاماته النّظرية التي تربط بين عناصر الفعل التعليمي التعلمي، ويعتمد على إجراءات وتقنيات حديثة في عمليات القياس وجمع البيانات وتحليلها. فهو بذلك، وفي ضوء التربية الحديثة، متنوع الوسائل، متعدد الوظائف.

وهو أيضا عنصر أساسي من عناصر المنهاج التعليمي، حيث يشبه ضابط الإيقاع إن جازت المشابهة، على أساس أنه يضبط ممارسات المعلم وصلاحياته داخل الغرفة الصّفية وخارجها. فلا يتفرّد المعلّم انطلاقا من هذا بالتّقويم، ويترك مجالا أرحب ليجعل تقويمه ممكنا. ويساعد الطالب على استثمار رحابة هذا المجال المفتوح، ويضبط رجعه وسلوكاته، وطرائق التدريس وأساليبه، وطبيعة المادة الدّراسية واختيارها، والأهداف التّربوية وتحققها.

وهو أيضا أحد معالم تطوير العملية التعليمية، إذ لا يمكن إحداث تطوير في أقطاب هذه العملية إلاّ بالرّجوع إلى نتائج ومؤشرات التّقويم.

ولما عُدَّت الاختبارات المدرسية أهم أدوات التقويم، وأكثرها شيوعا واستخداما؛ تحوّل فعل التّركيز على تحقيق الأهداف التعليمية المنشودة إلى عملية تصنيف المتعلمين في نهاية السنة الدّراسية إلى ناجحين وراسبين.

وتُعتبر نتائج الاختبارات التي تُقسّم الطلاب إلى ثلاث فئات: المتفوقين والمتوسطين والضُّعفاء، وكذلك الملحوظات والعلامات التي يدونها المعلم على دفاتر الطلاب، أكبر دليل على هذا التّحول.

إنّ حصر مفهوم التّقويم على نتائج الاختبار في تقويم المتعلمين من شأنه أن:

- يُبعثر أولويات التّعليم ومرتكزات تطويره، فيصبح التّدريس من أجل الاختبار هو الهدف الأساس.
- يُكرّس سُلطة المعلم، فيستعمل العلامة للضّغط والضّبط والثّواب والعقاب.
- يدفع بالمتعلم إلى الإحجام عن كشف ضعفه، مخافة الملاحظة السّيئة والعلامة الضّعيفة.
- يُعوّد الطالب البخل بالجهد، فلا يركز إلاّ على الموضوعات التي سيُمتحن فيها، أو يدخر قواه طيلة السّنة الدّراسية، ولا يستنفرها إلا في ليلة الامتحان.

وهناك من يربط علاقة بين التقويم والقياس والاختبارات فالقياس هو تلك العملية التي تقوم على إعطاء الأرقام أو توظيفها وفقا لنظام معين من أجل التقييم الكمي لسمة أو متغير معين أما الاختبارات تمثل أحد الأدوات الرئيسية التي تستخدم لجمع المعلومات لأغراض القياس والتقويم.

ويتضح مما سبق:

أن مفهوم التقويم أشمل ميدانا وأوسع مجالا من مفهومي القياس والاختبارات.فهو إذ يستفيد من الاختبارات، فأنه يستفيد كذلك من الأدوات والأساليب الأخرى لجمع المعلومات. وبينما يتوجه التقويم في الغالب إلى التعامل مع ظواهر ومجالات أوسع مثل الحكم على مدى كفاءة برنامج تعليمي معين فان الاختبارات والقياس غالبا ما يكونان محددين بجوانب وأغراض أقل شمولية وبذلك يختلف القياس عن التقويم في إن القياس يعطي قيمة رقيمة تدل على القدر الموجود من سمة ما أو متغير،

فالقياس والاختبار والتقويم تعود إلى عناصر خاصة لعملية القرار فالقياس عملية التحديد عادة ما ينتج عن ذلك إعطاء أرقام لسمة الشيء المقاييس أيا كان.

الاختبار هو أداة أو وسيلة تستخدم للقيام بقياس معين قد تكون هذه الأداة مكتوبة أو شفهية أو أداة ميكانيكية، أو نوع أخر.

التقويم هو النوع، أو الجودة، أو الجدارة، أو القيمة أو عن الشيء المقاس ؛ إذن التقويم يتضمن اتخاذ قرار.

القياس والتقويم عمليتان منفصلتان ولكنهما أسلوبان مرتبطان عند محاولة معرفة فعالية برنامج أو مستوى الخدمات المقدمة. فالقياس يكشف التغيرات التي تحدث سلبا أو إيجابا فلا يخلوا بحث علمي من قياس أو وجود معيار بينما القويم هو يعنى الوصول إلى حكم إلى مساعدة متخذ القرار ولا يمكن اعتبار أي دراسة أو بحث انه تقويم ما لم يكن هناك مقارنه وفقا قياس أو معيار معين متفق علية أو غير متفق عليه.

إن الهدف من القياس Measurement هو إيجاد أداة لقياس الأداء البرنامج بطريقة موضوعية يتم تحديدها أو الاتفاق عليها ليتم جمع البيانات عن مستوى البرنامج أو الخدمة المقدمة ووضع تلك البيانات في فئات لمساعدة متخذ القرار أو المستفيدين أو الممولين أو المخططين للتقويم في الحكم على البرنامج أو الخدمة.

لذا فإن التقويم أشمل، حيث يتناول جميع عناصر العملية التّعليمية.

أضحى التقويم - كما سبق الذكر- أحد أهم عناصر المنهاج التّعليمي في ظل التّربية الحديثة يتفاعل مع هذه العناصر تفاعلا عكوسا، فيؤثر فيها ويتأثر بها. وهو في أثناء تعلقه بهذه العناصر يتأسّس على ثلاث مرتكزات أساسية تُلازم كلّ أشكال البحث في مجال العلوم الاجتماعية، وهي:

- تحديد أهداف الدراسة وموضوعاتها
- تحصيل المعلومات المرتبطة بهذه الموضوعات
- تحليلها وشرحها.

وهو أيضا وسيلة المعلم في الحكم على مدى تقدّم تلاميذه نحو الأهداف التّربوية المنشودة، والتي تنطلق من مبدأ إحداث تغيّرات معيّنة في سلوكهم، مستندا في ذلك إلى التّغذية الرّاجعة.

وقد يتعطّل تقدّم الطلاب نحو الأهداف المرجوة، فتأتي نتائجهم سلبية، وعليه يُطرح إشكالات القصور:

أفي الأهداف التربوية؟
أم في المادة الدِّراسية؟
أم في طرائق التّدريس؟
أم في غيرها؟

يكفُل التّقويم حلَّ هذا الإشكالات، حين يتقصّى حركة كلِّ عنصر من عناصر المنهاج التّعليمي، فيحدِّد أي هذه العناصر أصابه الفشل، ولا يكتفي ببيان مواطن الضّعف فيه، بل يسعى إلى علاج هذا القصور بالاعتماد على نتائج ومؤشرات الرّجع.

العلاقة بين القياس والتقييم والتقويم

قياس + تقييم   تقويم

اختبار + إصدار الحكم على النتيجة   علاج الضعف

مثال:

إذا أخذا طالب 5 علامات هذا قياساً.

إذا حول المعلم العلامة (5) إلى تقديرات ممتاز جيد ضعيف هذا تقييم.

إذا تم تصحيح تعلم الطالب أي تخليصه من الضعف في تحصيله هذا تقويم.

أن مفهوم التقويم كم أشرنا سابقاً أعم وأشمل من مفهوم الاختبار الذي لا يعدو عن كونـه أداة مـن أدوات التقويم، كما أن في ذلك إشارة إلى أهمية عدم اعتبار الاختبار هدفاً للعملية التعليمية ولعل في ذلك مـا يخفف من الآثار النفسية السلبية الناجمة عن عدم النظر إلى الاختبارات نظرة واقعيـة في إطار فهـم صحيـح للتقويم وللاختبار.

إذا كان المعيار في تقويم الطالب في الصفوف المبكرة هو ما يعرفه فعلاً مـن المهـارات والمعـارف المنهجة في المنهج، وإذا كان انتقاله إلى صف أعلى يعتمد على حد أدنى من هـذه المهـارات والمعـارف، فـإن المعلم سوف يركز في تدريسه على هذا الحد الأدنى فقط ولن يقوم بتدريس بقية مفردات المنهج ؟

المعلم الذي يفكر بهذه الطريقة سيمارس هذا المحظور في ظل أي أسلوب للتقويم، ولابد أنـه في ظل أي ممارسة سابقة كان سيكتفي، أيضاً، بتدريس مفردات المنهج التي يسأل عنها في الاختبار.

ونلخص ما سبق بما يلي:

أولاً: القياس سابق للتقويم وأساس له.

ثانياً: التقويم أوسع من القياس بكثير فالقياس يتم باستعمال اختبار واحد فقط أما التقويم فيلجـأ إلى أساليب أخرى مثل السجلات القصصية، الاستجواب، قوائم التقديـر، السـجل التراكمـي آراء المدرسين وأدوات أخرى.

ثالثاً: مفهوم التقويم أعم وأشمل من مفهوم اختبار.

رابعاً: يُعتبر التّقويم عملية التّصحيح، والتّصويب، وعملية المتابعة، وعملية التّغذية الراجعة، وعملية إصدار الحكم. التي تتشعب إلى عمليات فرعية مثل عملية التّقييم بمعنى التّثمين، وعملية التّشخيص بمعنى تحديد مظاهر القوة ومواطن الضعف، وعملية القياس التي تصف الأشياء وصفا كمياً.

أهم المجالات التي يتطلبها التّقويم:

أ- الأهداف التّربوية:

لما كانت الأهداف التّربوية القاعدة التي ينطلق منها أي نشاط تعليمي تحدّد المسار الذي تسير وفقه استراتيجية التّدريس تنظيرا وتطبيقا، دخلت هذه الأخيرة ضمن أولويات القائمين على التقويم من نواحي الاختيار والتحديد والوضوح بحيث:

تُلائم الأهداف المختارة قدرات المتعلمين العقلية والانفعالية والنفسحركية.

تُصاغ الأهداف التربوية بوضوح حتى يستطيع المتعلم إنجاز السلوك المرغوب فيه، ويتمكن المعلم من معرفة النّشاط المؤدي إلى هذا السّلوك، ومن ثمة رصد مستوى التحصيل خلال النّشاط الدّراسي اليومي والفصلي والسّنوي. وبناء عليه يستطيع قيادة المتعلم وتوجيهه في الفعل التربوي، وكذا تذليل الصعوبات التي تصادفه ابتغاء مساعدته على اكتشاف العمليات والسّبل التي تسمح له بالتّقدم في تعلّمه.

ب- المحتوى الدراسي:

للمحتوى الدّراسي مكانة في المنهاج التّربوي، حيث أنّه يعكس نوعية المعارف والاتجاهات والقيم والمعلومات والمهارات التي يتم اختيارها ثم تنظيمها، وفق نسق معين. ويُضمَّنُ الكتاب المدرسي المحتوى الدّراسي الذي ينقله المعلم لطلابه على مراحل، يحتكم فيها إلى عوامل الأهداف والطرائق والكم المعرفي والزّمن المخصّص للتّدريس...

وفيما يلي اعتبارات تقويم المحتوى الدراسي:

اختيار المعارف والاتجاهات والمعلومات والمبادئ والمفاهيم والمهارات، التي تدخل في بناء المحتوى الدّراسي في ضوء الأهداف التّربوية المحدّدة بوضوح وبدقّة.

الرّجوع إلى التّراث العربي والإسلامي في اختيار المحتوى الدّراسي، مع وجوب مواكبة الحداثة، ومستحدثات العلم والثقافة.

مراعاة قدرات المتعلمين العقلية والانفعالية وميولاتهم واستعداداتهم في اختيار المحتوى، وكذلك تنفيذه.

مراعاة بيئة المتعلم الاجتماعية والثقافية والإيديولوجية...

تنظيم عناصر المحتوى الدّراسي، بحيث تراعى ظاهرة العلائقية، لوجود علاقة بين محتويات المناهج الدراسية المختلفة نحو محتوى منهاج اللغة العربية، ومنهاج الاجتماعيات مثلا. كما تراعى أيضا ظاهرة التّدرج في اختيار مواد المحتوى وتنفيذه، بالإضافة إلى ظاهرة التكامل نحو الرّبط بين المواد الدّراسية، كالذي بين الكيمياء والفيزياء، وبين التاريخ والجغرافيا، وبين اللغة العربية والتربية الإسلامية.. أو الرّبط بين موضوعات المادة الواحدة، كربط البلاغة بتدريس النّصوص...

التوازن بين النّظري والتّطبيقي، وبين الشّمول واللاشمول، وبين الحسي والحركي...

جـ- طرائق التّدريس:

سبق الذكر أن الطريقة الدّراسية أصبحت من أهم العناصر الدّاخلة في الهندسة البنائية للمنهاج في ضوء التّربية الحديثة، وعليه تتجلّى صلتها بالتّقويم فيما يلي:

مدى ملائمتها للأهداف التّربوية المنشودة، وتأديتها إلى هذه الأهداف في أقصر زمن وبأقل جهد يبذله المعلم والمتعلم.

مراعاة الفروق الفردية بين المتعلمين، وإثارة اهتمامهم، وتحفيزهم على المشاركة والتفاعل والاعتماد على النّفس.

تنوعها بحسب المواقف التعليمية، لأنّ الطريقة ليست وصفة تعطى للمعلم، ثم إنّ السّير على وتيرة واحدة في تدريس المادة الدّراسية، من شأنه أن يُولّد لدى المتعلمين الملل والنفور من موضوعات المعرفة.

أسس عملية التقويم

تستند عملية التقويم التربوي الناجحة إلى أسس ثابتة،

يمكن تلخيصها على النحو التالي:

- ارتباط التقويم بأهداف العملية التعليمية التعلمية .
- شمولية التقويم لكل أنواع الأهداف ومستوياتها التي نرغب في تحقيقها .
- تنوع أدوات التقويم، واتسامها بالصدق والثبات والموضوعية .
- تجريب أدوات القياس قبل اعتمادها، واشتراك المعلم والطالب في بنائها .
- الانتقال من التقويم التقليدي إلى التقويم الأصيل (Authentic Assessment)؛ الذي يسعى لقياس المعرفة العلمية والمهارات عند الطلاب لكي يستخدموها بكفاءة في حياتهم اليومية.
- القدرة على التمييز بين مستويات الأداء المختلفة والكشف عن الفروق الفردية .
- التقويم عملية مستمرة، ملازمة لجميع مراحل التخطيط والتنفيذ .
- اقتصادية التقويم من حيث الجهد والوقت والكلفة .
- التقويم عملية إنسانية واستراتيجيه فعالة للتعرف على الذات وتحقيقها.
- عملية التقويم هي عملية تشخيصية وقائية وعلاجية .
- التقويم عملية منهجية منظمة ومخططة تتم في ضوء خطوات إجرائية محددة.

د- تقويم التقويم:

إن عملية التّقويم التي يتّبعها المعلم داخل الفصل أو خارجه من خلال عقد الاختبارات، أو توجيه الأسئلة الشّفوية، أو رصد الملحوظات للتحقق من مدى نجاح العملية التعليمية وبلوغ الأهداف المرجوة، هي بدورها قابلة للتّقويم، بل إنَّ تقويمها لا مندوحة عنه. ويتناول تقويم التّقويم ما يلي:

مدى موافقة الأسئلة الكتابية والشفوية للأهداف الإجرائية الموضوعة.

دقة الأسئلة ووضوحها، لأنّ التّعقيد والعموم يموّه المتعلم، ويُصيِّران إلى تبني الاحتمالات والتأويلات .

وظيفيَّة الأسئلة الموجهة؛ بمعنى أنها تُعوِّد المتعلم على التأمل والتحليل والاستنباط، لا على الحفظ والاستظهار.

التّدرج والوسطية للتمييز بين المتفوقين والمتوسطين والضعفاء.

أنواع التقويم:

تعدّدت أنواع التقويم بتعدّد تصنيفاته، فهناك تصنيف كمي يتحدد بحسب عدد القائمين بعملية التّقويم وطبيعة المعلومات ونوعية المحكات (المعايير)، والتّقويم المعتمد على الكفايات، والتّقويم حسب الطرف المقوّم (القائمين بعملية التّقويم وهي جهة مختصة)، وحسب تفسير نتائج الاختبار.

وهذا التصنيف فيه نوعان: تقويم جماعي يشترك في إنجازه كلٌّ من المعلم والمدرسة، ثم يتصاعد سُلَّميا إلى أن يصل قمة هرم السلطة الوصية. وتقويم فردي وهو الذي يتولى المعلم وحده القيام به.

ويرتكز هذا التقويم على محاور ثلاثة هي:

التّشخيص، التّكوين، التّحصيل.

وهناك أيضا تصنيف مرحلي يتأسّس على مراحل الفعل التعليمي المتمثلة في بداية الفصل التعليمي وأثنائه ونهايته، ومنه التّقويم التّشخيصي والتّقويم التّكويني والتّقويم التّحصيلي.

وفيما يلي عرض لبعض أنواع التقويم:

1- التقويم الذاتي Self Evaluation

هو الذي يقوم به المتعلم ؛ حيث يقوم الشخص بتقويم ذاته مستخدماً أدوات القياس التي بنيت سلفاً من قبله أو من قبل الآخرين.

2- التقويم الداخلي Internal Evaluation

حيث تقوم المؤسسة (المدرسة) ببناء أدوات القياس الخاصة بها لجمع البيانات حول إحدى فعالياتها بهدف معرفة ما إذا كانت قد حققت أهدافها أم لا .

3- التقويم الخارجي External Evaluation

حيث تقوم هيئة خارجية بتقويم برنامج أو أسلوب تدريسي- أو منهـاج أو مشـروع تربـوي بنـاء على معايير تضعها تلك الهيئة وتبني أدوات قياس في ضوئها.

ويتم تصنيف عملية التقويم في ضوء الأهداف التي تركز عليها إلى ثلاثة أنواع هي:

1- التّقويم التّشخيصي (القبلي) Diagnostic Evaluation

وهو إجراء يقوم به المعلم في بداية كل درس، أو مجموعة مـن الـدّروس، أو في بدايـة العـام الدّراسي، من أجل تكوين فكرة على المكتسبات المعرفية القبلية لطلابه ومدى استعدادهم لـتعلم المعـارف الجديدة.

ويهدف هذا النوع إلى:

- تحديد أفضل موقف تعلّمي للمتعلمين في ضوء حالتهم التعليمية الحاضرة.

- التّشخيص التّربوي، حيث يتمكن المعلم من تحديد النّمو العقلي والانفعالي لطلابه، ومـدى استعدادهم وميولهم لاكتساب معلومات وخبرات جديدة.

- الكشف عن مدى امتلاك المتعلم معـارف أو مهـارات أو اتجاهـات محـددة، مـع تحديـد الأسباب الكامنة وراء عدم توافرها بغية أعداد الخطط العلاجية الملائمة .

- رصد الأهداف التربوية التي يتوخى الطلاب تحقيقها خـلال الفـترة الدّراسـية أو في نهايتهـا، ومقارنتها بالأهداف المخطّط لها.

2- التقويم التكويني (البنائي) Formative Evaluation

وهو إجراء يقوم به المعلم أثناء التّدريس، يُمكّنه من تتبع مراحل الفعل التعليمي، ورصد حـالات التّعليم والتّعلم، والتّأكد من مدى تحقق الأهداف التّربوية.

وفيما يلي أبرز وظائفه:

- تحديد سلبيات العملية التعليمية وإيجابياتها.

- إصلاح نواحي القصور وتعزيز جوانب النجاح.
- توجيه العملية التعليمية بدلا من الأهداف التربوية.
- تزويد المعلم بمعلومات عن حـالات الـتّعلم، ومـدى تحصـيل المتعلمـين، وفعاليـة الطّريقـة الدّراسية المتّبعة، وكذلك الوسيلة التعليمية.
- إثارة انتباه المتعلمين ودافعيتهم للتعلم.
- مساعدة المعلم في تحديد نوعية التحسينات أو التعديلات في مـدخلات العمليـة التعليميـة وخطواتها التي تساعد في تحقيق النتاجات التعليمية المنشودة .

فالتّقويم التكويني من هذا المنطلق ليس إلاّ وسيلة في خدمة النّظام التّربوي؛ فلا يعنـي ذلـك أن نكتفي بتغيير التّقويم من أجل أن نُغيِّر هذا النظام تعريف المتعلم بمـدى اقترابـه وابتعـاده عـن الأهـداف المنشودة، وإعطاؤه فكرة واضحة عن نتائج تعلّمه وصعوبات التّلقي.

3- التقويم الختامي أو التّحصيلي (الشّامل) Summative Evaluation

وهو العملية التي يُنجزها المعلم غالبا في نهاية البرنامج التعليمي، ومن ثمـة إصـدار حكـم نهـائي على مدى تحقق الأهداف التّربوية المنشودة، ومثال هذا النّوع من التّقويم، الاختبارات التي تُنجز في نهاية كل فصل على اختلاف أنواعها في المدارس والجامعات، وفي نهايـة كـلّ مرحلـة تدريبيـة في المعاهـد ومراكـز التكوين.

ومن أهم وظائفـه:

- معرفة مدى تحقق الأهداف التّربوية المنشودة، ومنه تحديد الأهداف التي تمَّ تحقيقها.
- رصد نتائج المتعلمين، وإصدار أحكام النَّجاح أو الرُّسوب.
- الحكم النّهائي على مـدى فعاليـة عنـاصر المنهـاج (المعلـم، والمـتعلم، والطّريقـة، والوسـيلة، والمحتوى...).
- إمكانية المقارنة بين النتائج على مستوى الصّف الواحد والتّخصص الواحد، وبين نتائج صفيّن أو تخصّصين.

ويستخدم هذا النوع من التقويم للكشف عـن مـدى التقدم أو النجـاح الـذي تحقـق بالنسبة للأهداف الكلية للمواقف التعليمية.

– أهداف التقويم:

يتصف التقويم بشمولية النظرة إلى مكوِّنات العملية التربوية التعليمية – كما عَرَفنا – ويبحث كذلك عن الأسباب التي تؤدي إلى ضعفها أو قوتها من خلال نظرته الشمولية هذه. ومع ذلك فإن أهـداف التقويم تركز على المكوِّنات الجزئية للعملية التربوية والتعليمية، لكنها في الأخير تربُط بين هـذه الجزئيـات لتكون حكماً عاماً وشمولياً على العملية التربوية والتعليمية برمتها.

ومن أهداف التقويم:

1- معرفة نواحي الضعف والقوة في تعلم الطلاب، وتحديد الاتجاه الذي يسير عليه نموهم العـام المعرفي، والاجتماعي، والنفسي...الخ.

2- يكشف لنا التقويم عن مدى تحقيق الأهداف التربوية والتعليمية المرسومة سلفاً والجوانب التي تحتاج إلى تطوير أو تعديل أو تغيير في هذه الأهداف.

3- يكشف لنا التقويم نواحي القوة أو الضعف في المعلـم، والمـنهج المـدرسي، وطـرق التـدريس والوسائل المعينة الأخرى التي تستخدم في عملية التعليم والتعلم أو تخدمها.

4- يعد التقويم Evaluation جـزءا هامـا وعمليـة أساسـية في التخطيط والتنظيم والتنفيـذ لكافـة البرامج في مختلف المنظمات، ذلك لأنه الجسر الذي يوفر الفرصة لعبـور المسـافة بـين الواقـع والأهداف المرسومة، وتظهـر أهميـة التقـويم مـن جوانـب مختلفـة منهـا الإعلاميـة والمهنيـة والتنظيمية والسياسية والاجتماعية والنفسية والتاريخية)

5- التقويم وسيلة ضرورية لاختبار مبادئ العمل مع الأفراد والجماعـات والمجتمعـات:وللتأكد مـن صلاحية تلك المبادئ.

6- توفير المعلومات عن درجة تحقيق برنامج ما لأهدافه من خلال إيضاح جوانب القصور وجوانب القوة، وتقديم التغذية الراجعة حول تلك الجوانب

7- تعريف الإداري وواضعي السياسات بالنتائج غير المتوقعة لتنفيذ البرامج سواء كانت سلبية أو إيجابية، ليكون لدى واضعي السياسات المبرر الكافي لتغيير البرنامج أو إلغائه.

8- توفير معلومات عن مستوى الرضا العام عن نتائج البرنامج ودرجة الدعم المقدمة له.

9- التقويم يركز بدرجة كبيرة على تحسين الخدمة أكثر من تقويم ما إذا كانت الخدمة تستحق الإبقاء عليها أم لا.

أبعاد عملية التقويم:

تشمل عملية التقويم أبعاد ثلاثة هي: المعلم والمتعلم والخبرات التعليمية.

1- تقويم المعلم: يتم من خلال مراحل تغير وتطور المعلمين أثناء تطوير خبراتهم في التخطيط والتعليم والتقويم لتتناسب مع أهداف (ERfKE). واستخدام تكنولوجيا المعلومات والاتصالات ICT. وبالتالي يحقق المعلم النتاجات العامة التي ينبغي على المعلم تحقيقها، ويتبنى الاقتصاد المعرفي.

ويستطيع المعلمون التعرّف وتحديد مستواهم الحالي، وكيف يخططون ليكونوا معلمين محترفين من أجل الارتقاء في مستوى خبراتهم.

2- تقويم المتعلم: إلى جانب الأهداف السابقة فإن التقويم التربوي يسهم في تقويم الكثير من الجوانب الشخصية للطالب بهدف تنميتها، ويكون تقويم الطالب في العلوم والمعارف والمهارات مستمراً ومعتمداً على ملحوظات معلميه ومشاركته في الدروس، وأدائه في التدريبات والاختبارات الشفهية والتحريرية ؛ وينقل الطالب إلى الصف التالي بعد إتقانه مهارات الحد الأدنى المنهجة.

تقويم المتعلم: يمتد إلى جميع جوانب نموه العقلية والجسمية والانفعالية... ومن الجوانب التي يتم تقويمها في الطالب:

1 - جوانب الصحة والأمن والسلامة والنمو الجسمي للطالب.

2 - النمو الاجتماعي والعاطفي.

3 - السلوك الخلقي والمعايير الشخصية.

4 – القدرة على تولي المراكز القيادية.

5 – الإلمام بمظاهر الطبيعة: نباتات، وحيوانات، ومظاهر أخرى.

6- القدرة على التفاهم مع الناس من خلال القدرة على الاتصال بواسطة اللغة والقراءة.

7 – الجمال والتذوق من خلال الرسم، والزخرفة...الخ.

8 – القدرة على العد والحساب والقياس والإنتاج.

قواعد عامة في تقويم الطالب:

يراعى في تقويم الطالب القواعد الآتية:

1) أن تكون أساليب التقويم، وإجراءاته، وممارساته، وأدواته، ونتائجه معززة لعملية التعلم، وألا تكون مصدر رهبة أو قلق أو عقاب يؤثر سلبًا على الطالب ونتائجه.

2) أن تكون أدوات التقويم صادقة وممثلة لما يتوقع من الطالب اكتسابه من المعارف والمهارات، مبينة لمدى تمكن الطالب من المادة الدراسية، وما يستطيع أداءه في ضوء ما تعلمه منها.

3) أن توفر أدوات التقويم معلومات عن العمليات التي يحدث بها التعلم مثل:

• مدى استفادة الطالب من استخدام خطط التعلم لحل المشكلات.

• التوصل على الإجابات الصحيحة .

• المراقبة الذاتية لمستوى التقدم وتعديله.

• إضافة إلى معلومات من شأنها مساعدة المعلمين وواضعي المناهج على تحسين تعلم الطالب.

• رفع كفاية أساليب التدريس، وخاصة ما يتعلق بتوضيح المهارات وتحديدها، والمعارف التي يجب أن تركز عليها عملية التدريس.

4) أن يتضمن أداء التقويم مستويات عدة من الأسئلة، بحيث تقيس قدرة الطالب المعرفية والاستيعابية والتطبيقية والتحليلية والتركيبية والتقويمية.

5) أن ينظر في نتائج أدوات التقويم، ضمن تقويم شامل لظروف التعلم وبيئته، وتقدم هـذه الأدوات معلومات مستمرة عن مستوى تقدم الطالب، يستفاد منها في تطوير المنـاهج وأساليب التدريس، وحفز الطالب على بـذل المزيد مـن الجهـد، للإفادة مـن الخبرات التعليمية.

6) أن تتوافر في أساليب التقويم، وأدواته، وظروف تطبيقه، والقرارات المترتبـة على نتائجـه فرص متكافئة لجميع الطلاب.

7) تزويد الطلاب بتغذية راجعة مكتوبة؛ فمثلاً أتجنب استخدام أقلام اللون الأحمر لأن كثيراً من الطلاب يربطون اللون الأحمر بالنقد غير البنـاء. وأذكر عبـارات مناسبة بمستويات الطلاب، مثلاً: " فكرة جيدة "، " فكرة رائعة ولكن تحتاج إلى......"، " فعلاً على حـق "، " أحسنت "، " وفقك اللـه وإلى الأمام "، " حبذا أن......في المرة القادمة " ، وهو كذلك......، ولا أكتفي بإعطاء إشارة صح.

8) تعد نتيجة الطالب في التقويم مسألة تخصه وولي أمره، والقائمين مباشرة على تعليمـه، ولا يجوز استخدامها بطريقة تؤدي إلى معاملته معاملـة تـؤثر سلبًا على تقديره لذاتـه أو تفاعله مع الآخـرين كـما لا يجـوز إطلاق الألقـاب، أو الأوصاف التـي تنبـئ سلبًا عـن تحصيله الدراسي، عند مخاطبته، أو الإشارة إليه.

9) أن تبنى أدوات التقويم وفق الأسس العلمية المتبعة، وفي ضوء معايير محددة، للمستويات المقبولة، مما هو متوقع تعلمه، واكتسابه من أهداف التعلم ونواتجه، وتطوره.

10) أن تتولى جهة مختصة عملية التقويم والاختبارات من أجل:
تنقيحهـا، وتطبيقهـا، وتصـحيحها، ورصد نتائجها وتحليلها وتقنينهـا، وحفـظ أسـئلتها واسترجاعها، وإعادة استخدامها والتبليغ عن نتائجها، وإجراء دراسات الصدق والثبـات اللازمة عليها وتطويرها بما يتلاءم واستخداماتها، وتـوفير التعلـيمات والإرشـادات اللازمـة لإعداد أدوات

التقويم، والمقومات اللازمة لتحسين مستواها بما يضمن تكافؤ الفرص بين الطلاب وإيجاد الأدوات الموحدة التي يمكن على ضوئها مقارنة النتائج، كما تتولى إصدار تعليمات تحديد مراكز الاختبارات للجان النظام والمراقبة ولجان تقدير الدرجات وما في مستواها، ويطبق هذا في امتحان شهادة الثانوية العامة .

11) أن تخضع عمليات التقويم وإجراءاته وأساليبه لمراجعة مستمرة لتطويرها وتعديلها.

12) تطوير أدوات التقويم وأساليبه للطلاب ذوي الاحتياجات التعليمية الخاصة.

ما المقصود بالتقويم المستمر ؟

ظهرت أدوات جديدة للتقويم بجانب الاختبارات والتي سيتم استخدامها من قبل المعلمين في المواقف التدريسية اليومية وهو ما يعرف بالتقويم المستمر.

التقويم المستمر كما حدد له تنظيم بديل لأسلوب اختبارات المواد الشفهية عبارة عن "أسلوب محدد بإجراءات وضوابط لجمع معلومات عن تحصيل الطلاب في المواد الشفهية خلال العام الدراسي في مختلف مراحل التعليم العام".

وهو التقويم الذي يلازم عملية التدريس اليومية، ويهدف إلى تزويد المعلم والمتعلم بنتائج الأداء بإستمرار، وذلك لتحسين العملية التعليمية، اي انه يستخدم لتعرف نواحي القوة والضعف، ومدى تحقق الأهداف، والاستفادة من التغذية الراجعة في تعديل المسار نحو تحقيق هذه الأهداف وتطوير عملية التعليم. وهذا النوع من التقويم يتوافق مع المفهوم الجديد والمتطور للتقويم، حيث انه يوفر للمعلم والمتعلم تغذية راجعة بشأن مستوى الطلاب ومدى تقدمهم ومدى تحقيق الأهداف التعليمية عموما. كما انه يحفز الطلاب على المذاكرة الجادة من بداية العام الدراسي، وتوزيع جهدهم بشكل متوازن على المواد الدراسية المختلفة.

ولمزيد من التوضيح نستطيع القول انه بعد ان ينتهي المعلم من تدريس جزء من الدرس يجري عملية التقويم، وفي ضوء استجابات الطلاب يقرر اما ان يواصل

تقدمه بعد ان يطمئن على مستوى المتعلمين ونجاحهم في تحقيق أهداف هـذا الجـزء أو ان يعاود الشرح وتقديم المزيد من الأنشطة، او يغير من وسائله وطرق تدريسه، او ان يعطي تـدريبا مكثفـا لعلاج نقاط الضعف الي يكشف عنها هذا النوع من التقويم.

كيف يستخدم المعلم أدوات التقويم المستمر؟

أولا: الأنشطة: وتنقسم إلى قسمين هما:

- الأنشطة الصفية ومنها الأعمال التحريرية والحوار الشفوي.
- الأنشطة غير الصفية كالواجبات المنزلية والمشاريع.

ثانيا: الملاحظة اليومية: وتتضمن التفاعل الصـفي داخل الغرفة الصـفية والتفاعـل في المختـبر المدرسي.

ثالثا: الاختبارات: وتنقسم إلى قسمين هما:

- الاختبارات القصيرة.
- الاختبارات الفصلية.

ما أهداف التقويم المستمر ؟

أهداف التقويم المستمر:

(1) تطوير إجراءات تقويم الطالب.

(2) الحد من سلبيات اختبارات نهاية الفصل الدراسي.

(3) تعريف الأسرة لمستوى تقدم ابنها ومشاركتها في التقويم.

(4) متابعة المعلم لمستوى تقدم طلابه.

(5) وضع تقدير ثابت نسبياً لمستوى أداء الطلاب.

أسس التعامل مع التقويم المستمر للطلاب:

(1) التركيز على إكساب الطلاب المهارات والمعارف والخبرات الأساسية في كل مادة دراسية.

(2) إتباع أساليب تدريسية تؤدي إلى تجسد الفهم الحقيقي لمحتوى المادة الدراسية.

(3) العناية بالجانب التطبيقي باعتماد أسلوب تقويم الأداء الذي يتم فيه التأكد مـن تمكـن الطالب من المهارة أو المعرفة.

(4) تجنب الآثار النفسية السلبية التي قد يتعـرض لهـا الطلاب وتصبح مرتبطـة بتجـربتهم الدراسية، مثل الشعور بالقلق والخوف.

(5) غرس العادات والمواقف الإيجابية في نفوس الطلاب تجاه التعليم.

(6) إيجاد الحافز الإيجابي للنجاح والتقدم بحيث يكون الدافع للتعليم والذهاب إلى المدرسة هو الرغبة في النجاح وليس الخوف من الفشل.

(7) تجنيب الطلاب الآثار النفسية الناتجة عن التركيـز علـى التنـافس والشعـور بـأن درجـات أدوات التقويم هي الهدف من التعليم.

(8) إشراك ولي أمر الطالب في التقويم وذلك بتزويده بمعلومات عن الصعوبات التي تعتـرض ابنه، ودوره في التغلب عليها.

(9) اكتشاف الإعاقات وصعوبات التعلم لدى الطلاب مبكراً والعمـل علـى علاجهـا والتعامـل معها بطريقة تربوية صحيحة.

غير أن التركيز على هذه الأسس في تقويم الطالب في المرحلـة الأساسـية لا يعنـي عـدم استخدام الاختبارات فهي تظل أداة جيدة مـن أدوات التقويم تستكمل بـالأدوات الأخرى مثل ملاحظة المعلم، والمشاركة في الدروس، والقيام بالتدريبات والنشاطات المتعلقة بالمادة الدراسية.

غير أن الاختبارات وغيرها من أدوات التقويم في هذه الصفوف مثل الواجبات المنزلية والـتمارين الصفية وملحوظات المعلمين تركز على المهارات والخبرات والمعارف الأساسية التي يتوجب على الطالـب اكتسابها ويكون استخدامها مستمراً طوال العام.

ويكمن الفرق بين هذا الأسلوب الجديد والأسلوب المتبع سابقاً أن المعيار الـذي يحتكم إليه لنجاح الطلاب أو إعادتهم -وفقاً للأسلوب الجديـد- موحـد، علـى مسـتوى جميع الطلبة، أمـا في ضوء الطريقة السابقة فإن المعيار يختلف من معلم إلى آخر، حيث يعـد كـل معلم اختباراً خاصاً بـه، ويسـأل أسئلة معينة قد لا تكون شاملة للأساسيات فيـنجح الطالـب أو يعيد في صفه وفقاً لحصوله علـى درجـة النهاية الصغرى للمادة

الدراسية بناء على وفائه أو عدم وفائه بمعلومة أو مهارة ثانوية ربما لا تكون مؤثرة في تحصيله الدراسي مستقبلاً.

ما المقصود بالبرامج المساندة ؟

فصول أو برامج داخل المدرسة للتعامل مع مشكلات التعلم مثل: صعوبات التعلم، الإعاقات السمعية أو البصرية، اضطرابات النطق والكلام،الاضطرابات السلوكية أو الانفعالية.

مهارات التقويم:

التركيز على ما يجري بداخل عقل المتعلم من عمليات عقلية تؤثر في سلوكه، والاهتمام بعمليات التفكير ممثل بلورة الأحكام واتخاذ القرارات وحل المشكلات، باعتبارها مهارات عقلية تمكن الإنسان من التعامل مع معطيات عصر المعلوماتية، وتفجر المعرفة، والتقنية المتسارعة التطور.

ولم يعد التقويم مقصوراً على إعداد أسئلة التقويم الشفهية، إعداد الإختبارات وتصحيحها، تشخيص أخطاء التعلم وعلاجها، رصد الدرجات والعلامات، بل تعداه لقياس مقومات شخصية الطالب بشتى جوانبها والتي تعتمد على التقويم الواقعي Authentic Assessment والذي يهدف إلى:

- تطوير المهارات الحياتية الحقيقية
- تنمية المهارات العقلية العيا
- تنمية الأفكار والاستجابات الخلاقة والجديدة
- تنمية مهارات متعددة ضمن مشروع متكامل
- تعزيز قدرة الطالب على التقويم الذاتي
- استخدام استراتيجيات التقويم الحديثة وأدواته لقياس الجوانب المتعددة في شخصية المتعلم.

ملامح مجتمع القرن الحادى والعشرين

وقد بدأت ملامح مجتمع القرن الحادى والعشرين تتكون ثم تظهر مع بدايات العقد الأخير من القرن العشرين، ويمكن إيجازها فيما يلي:

1- العولمة Globalization:

أدت ثورة المعلومات والاتصالات والاتفاقيات المنظمة للنشاط البشرى على المستوى الكوكبى إلى تزايد الاعتماد المتبادل وتجاوز الحدود، بحيث أصبح العالم قرية كونية لا مكان فيها للانعزال أو العزلة. ويتميز هذا الوضع بالفرص والمخاطر التى يجب أن يسهم فيها التعليم بعامة وكليات التربية بخاصة بالإعداد والاستعداد لمواجهتها.

2- المعرفة Knowledge:

وتعتبر المعرفة من أبرز خصائص مجتمع القرن الحادى والعشرين، وقد أكدتها ثورة المعلومات والتدفق الكبير لها وتحويلها إلى معارف، كما أكدت ذلك ثورة العلم التى نشهدها ونشعر بآثارها.

وقد تحول الاقتصاد الآن إلى إقتصاد قائم على المعرفة، لذا اتجهت معظم الدول نحو الاقتصاد المعرفى (ERFKE).

ولذلك فإن التعليم الذى يؤكد – لا على حفظ المعلومات والمعارف – وإنما إنتاجها، هو التعليم ذو الجودة، وهو التعليم الذى يحسن تكوين المتعلمين.

وكذلك فإن المعلم ينبغى أن يعد طلابه للتفكير والبحث وإنتاج المعرفة وتحليلها ونقدها. وإعداد هذا المعلم وتكوينه مسئولية كليات التربية مهنيا ببرامجها المتخصصة، وثقافيا بالمساهمة فى اعداد المناخ المجتمعى الداعم لذلك.

3- العلم والتكنولوجيا Science and technology:

وقد ظهرت إلى حيز الوجود العديد من التطبيقات العلمية، التى ارتكزت إلى نظريات العلوم الطبيعية والاجتماعية والرياضيات وغيرها، إلى حد يطلق على هذا العصر أنه عصر العلم الثقافى.

وقد ظهرت فى اطار ثورة العلم والتكنولوجيا تكنولوجيات فائقة فى مجالات الاتصالات والمعلومات، لاقت اهتماماً من المشتغلين بالتعليم، كما تمت الاستفادة منها فى مجالات متنوعة داخل الفصل وخارجه، وساعدت على تحويل التعليم من بعد من تقليديته وجعلته تعليماً افتراضياً، فضلاً عن التعلم الإلكترونى، وصار استخدام الحاسبات وغيرها داخل قاعات الدراسة ضرورة من ضرورات تطوير التعليم وزيادة التفاعل بين أطرافه.

4-التنافسية Competitiveness:

إذ أن ابرز سمات العصر الراهن انه عصر التنافسية فى ميادين السياسة والاقتصاد. وهذا يستلزم أن تقوم مؤسسات التعليم بإعداد أفراد قادرين على المنافسة محلياً وقومياً ودولياً. ويكفى أن نذكر أن الاتفاق العام للتجارة والتعريفة يلزم كافة الدول الموقعة عليه – ومصر- من بينها – بإزالة القيود أمام انتقال الأفراد وبخاصة ذوى الخبرات منهم، من أطباء ومهندسين ومعلمين.

وطبيعى أن تحقيق ذلك يتطلب معلماً يخلق لدى تلاميذه وداخل فصله مناخ المنافسة، الذى تحكمه القيم، وبحيث لا تتحول هذه المنافسة إلى صراع غير أخلاقى.

كما أنه من الطبيعى أن نشهد منافسة بين المؤسسات التعليمية الحكومية بعضها البعض، وبينها وبين المؤسسات التعليمية الخاصة، وهو ما يتطلب من المعلم الممارس إعداد نفسه لهذه المنافسة، كما يتطلب من مؤسسات الإعداد تكوين معلم قادر على ذلك.

5- التعاون Cooperation:

والتعاون من القيم والممارسات الأساسية فى هذا العصر، إذ إنه عصر التكتلات. وهذه التكتلات هى نتاج تعاون بين مؤسسات فى مجال معين.

وقد يكون التعاون داخلياً ومحلياً وإقليمياً وعالمياً فى كافة المجالات مدخلاً مطلوباً فى عصر- المنافسة.

والتعاون قيمة هامة ينبغى أن تؤكد عليها كافة المؤسسات التعليمية، بما فيها مؤسسات إعداد المعلم، وتبنى استراتيجياتها التعليمية عليها.

6- الجودة الشاملة Comprehensive quality:

وتمثل الجودة الشاملة مدخلاً للتنافسية، واستثمار معطيات المعرفة والتكنولوجيا. والجودة الشاملة تعتبر سمة من سمات هذا القرن في كافة المجالات الإنتاجية والخدمية. وقد أعطت الدول المتقدمة، والعديد من الدول النامية لإدارة الجودة الشاملة والرقابة عليها اهتماماً كبيراً وجعلتها أساس العمل أياً كان نوعه، وأساس تحقيق التقدم والاحتفاظ بمكان متقدم في الترتيب العالمي.

ثانياً: التعليم والتعلم Teaching and learning:

ويمثل التعليم حجر الزاوية لتقدم المجتمع وتطوره. وتولي المنظمات الدولية والإقليمية، كما تولي دول العالم اهتماماً بتطوير التعليم، وجعله مدخلاً للتحديث. ولذلك تزداد الموازنات التعليمية، كما تتنوع استراتيجيات التطوير وبرامجه، للتحسين الكيفي للتعليم مدخلات وعمليات ومخرجات.

ويحظى التعلم بعناية فائقة على أساس أنه ركيزة تكوين مواطن فاعل قادر على قيادة التقدم، ويأخذ ذلك أبعاداً متنوعة، من أهمها:

1- من التعليم إلى التعلم From teaching to learning:

وهذا التوجه يمثل نقلة كبيرة، تجعل العملية مؤسسة على الفرد المتعلم، محققة لإيجابياته ومشاركته واختياراته، بلا توقف طيلة الحياة.

2- الابتكار Innovation:

أن ثمة تحولاً مطلوباً من ثقافة الاجترار إلى ثقافة الابتكار، وهذا متطلب أساسي ليتمكن المعلم من تكوين متعلم قادر على المنافسة، وبناء مجتمع قادر على إنتاج المعرفة.

3- التعلم مدى الحياة Lifelong learning:

وهنا لا ينبغي أن تتوقف كليات التربية عند مجرد تقديم برامج لإعداد المعلم قبل الخدمة، بل تتعدى ذلك إلى تدريب المعلمين وتنميتهم في أثناء الخدمة تنمية مهنية، وتقديم برامج للتعليم المستمر، والمشاركة في تطوير التعليم.

4- التعلم بالمشاركة والاختيار:

إنه التعلم الديمقراطي المبني على إتاحة فرص المشاركة أمام المتعلم ليكون فاعلاً في عملية التعلم، والقائم على إتاحة فرص المشاركة أمام المتعلم ليكون فاعلاً في عملية التعلم، والقائم على إتاحة فرص الاختيار أمامه، لا لإجباره على تعلم كل ما يريده الكبار، دون أن يكون له رأي فيما يدرسه.

5- التعلم المعتمد على الذات:

ذلك أن نمط التعلم القائم تعلم معتمد على الآخر، الكبير غالباً. والتحول المطلوب في التعليم كله هو التحول نحو اعتماد المتعلم على نفسه. وهذا يعني إنماء قدرات المتعلم على التعلم الذاتي.

6- ثقافة الاتقان والجودة:

وتعتبر ثقافة الاتقان والجودة أساساً لبرنامج إعداد المعلم في مجتمع القرن الحادي والعشرين، بدلاً من ثقافة الحد الأدنى. وتمثل ثقافة الاتقان والجودة قاعدة لوصول التعليم إلى المستوى المطلوب، بما يؤهل خريجيه للمنافسة.

7- التعلم التعاوني الفريقي:

ويعني التعلم التعاوني الفريقي، تأكيد مدخل التعاون والتكامل والعمل الجماعي في عملية التعلم، بدلاً من الانعزالية الفردية. وهذا التعاون يتمثل في العمل مع الزملاء والعمل مع الأساتذة والعمل مع الطلاب الذين يعد المعلم لتعليمهم.

8- الاستقصاء أساس التعلم:

والتعلم المعتمد على الذات، والقائم على البحث يعني أن الفرد يسعى إلى التعلم واكتشاف الجديد بنفسه، متخذاً من الاستقصاء طريقاً إلى ذلك، وأهمية أن يصل المتعلم اليها بجهده.

9- التعلم بالممارسة:

والتعلم ينبغي الا يقف عند حدود (النظري)، بل ينبغي أن ينتقل إلى (التطبيق) و(الممارسة)، تأكيداً للتكنولوجيا من ناحية، وتحقيقاً للإفادة من محتوى

التعليم والتعلم، وبياناً لأن التعلم ينبغى الا يقف عند حدود (العقلى)، بـل ينتقـل إلى (المهـارى) ويؤكـد عليه، ويخلق فرص اكتسابه وتنميته.

10- التعلم المرتبط بالبيئة:

ولا يكون للتعلم معنى إلا إذا ارتبط بحيـاة الإنسـان ومجتمعـه، ومـا يعيـش فيـه. ولـذلك فإن الخبرات التعليمية والتعلمية ينبغى أن تتخذ من البيئة والمجتمع منطلقها وغايتها أيضاً.

11- التعلم المنفتح على العالم:

ولا يعنى التعلم المرتبط بالبيئة التقوقع على الذات، بل الانفتاح على الآخر الخارجى، والإنجازات التى حققها الغير، فى عصر القرية الكونية الصغيرة.

12- التعلم المبنى على القيم:

وإذا كان التعليم يتم فى إطار ثقافى قومى، فإنه ينبغى أن يبنى على هذه الثقافة بما تحملـه مـن قيم خلقية. وإذا كان هذا المدخل أساساً فى التعليم بعامـة، فإنـه هـام فى تكوين المعلـم وتعلمـه وعملـه التربوى.

وانطلاقا مما سبق واستنادا اليه يتوقع من الطالب بعد دراسته ان يمتلك عـدداً مـن الكفايـات منها:

1- التمكن من المعرفة:

حيث يفهم محتويات المادة التي يدرسها ويعرف بنيتها ومفاهيمها ومصطلحاتها، بما يسـاعده على تصميم خبرات تربوية تعلمية، تجعل التعليم ذا معنى للمتعلم.

2- القدرة على الاستقصاء:

اذا تتوفر لدى الطالب المعرفة بمنـاهج البحـث العلمـى وتقنياتـه وادواتـه، ومهـارة اسـتخدامها، للحصول على المعرفة.

3- فهم النمو البشرى والتعلم:

والقدرة على توظيف هذا الفهم فى تصميم بيئة تعليم وتعلم تدعم نمو المتعلم نمواً شاملاً.

4- الوعى بالفروق الفردية:

وتطبيق هذا الوعى القائم على المعرفة العلمية باستخدام استراتيجيات تعليمية تناسب الطلاب بتنوعهم وتمايزهم ايا كانت اسبابه، بما يحقق اقصى نمو للمتعلم، واشباع حاجاته وميوله وتنمية استعداداته.

5- معرفة استراتيجيات التعليم:

وحسن توظيفها واستخدامها بما يتمشى مع طبيعة المنهاج والمتعلمين، ويحقق خلق بيئات تعلم تشجع على المبادرة والابتكار والتفكير الناقد وصنع القرار واتخاذه وحل المشكلات.

6- القدرة على التخطيط للتدريس:

ويتطلب ذلك معرفة باصول هذا التخطيط، والتمكن من الاعتماد عليه ليكون التدريس فعالاً، وقائما على الافادة القصوى من الوقت، وتنفيذه وتقويمه.

7- تصميم بيئة التعلم:

وهى البيئة التى تهتم بان يكون التعلم ايجابياً، نشطا وفعالا، يعتمد على التعاون والعمل الجمعى وينمى التعلم الذاتى. ويندرج تحت ذلك بناء مجتمع تعليم فعال.

8- إتقان كفاءات الاتصال:

وهذا الاتصال يعتمد على اساليب متنوعة تختار فى ضوء طبيعة الرسالة والبيئة، وتجعل هذا الاتصال فعالا يتناول المتعلم وذويه وكل اطراف بيئة التعليم والتعلم.

9- ادراك اهمية التكنولوجيا:

والقدرة على استخدامها كوسيلة واداه لتحقيق تعلم فعال، وبما يتناسب مع مكونات البيئة التعليمية.

10- الايمان بالتعاون والقدرة القيادية.

وينتقل هذا الايمان إلى الممارسة القائمة على المعرفة، وبحيث تتاح فرص التعاون والقيادة للمتعلمين، وان تسود بيئة التعلم والتعليم من متعلمين وعاملين واباء وابناء المجتمع المحلى.

11- اكتساب مهارات التفكير:

واعتبار هذا التفكير اساساً هاما للتعليم وبيئة التعلم، وان يهيئ المعلم هذه البيئة للتفكير الناقد والمبدع.

12- القدرة على التطبيق الميدانى:

إذ أن ما يكتسبه المعلم من خلال برنامج الإعداد ينبغى ان ينتقل من النطر إلى الممارسة، بما يعكس اكتساب مهارات التطبيق واستخدامها بشكل بينى.

13- الاهتمام بالتقويم:

باعتباره وسيلة تربوية ومدخلا للتحسين والتطوير، والتنمية المستمرة للمتعلم، والافادة من نتائج التقويم المعتمد على أساليب مقننة للقياس فى تحسين تقدم المتعلم، ويتطلب هذا إبتداء إتقان مهارات التقويم.

14- الوعى بأهمية التنمية المهنية:

وهذه التنمية المهنية تقوم على الوعى بان الاعداد قبل المهنة يحتاج إلى تنمية مهنية ذاتية فى اثنائه، ثم بعد التخرج وممارسة العمل، وانه بدون هذه التنمية الذاتية والقائمة على التدريب بكافة اشكاله من سمات مجتمع المعرفة الذى نعيشه.

15- الالتزام بأخلاقيات المهنة:

ويقوم ذلك على اعتبار التعليم مهنة، وانها مهنة ذات رسالة، لها ميثاق خلقى سواء كان مكتوباً ام غير مكتوب، والمعلم وغيره من العاملين بالتعليم يلتزمون باخلاقيات مهنة التعليم.

16- الوعى بضرورة تنمية المجتمع:

إذ ان المؤسسة التعليمية مؤسسة اجتماعية، وان التعليم عملية مجتمعية تتناول واقع المجتمع المحلى والدولى، وتهتم بالمستقبل، وتنمية المجتمع وتطويره.

العلاقة العكسية بين التدريس والتقويم

تعد مراحل التقويم واحد من أهم المراحل في العملية التربوية، وتهدف أساساً لتحسين العمل التربوي بقصد الحصول على نتائج أفضل وأكثر تحقيقاً للأهداف التربوية.

ويقترن مفهوم التقويم عند غالبية المعلمين بالاختبارات التى يعطونها لطلبتهم، إلا أن هذه الاختبارات هي إحدى وسائل التقويم،وإن كانت الأكثر شيوعاً، إذ أن هناك وسائل وأدوات أخرى منها ملاحظة المعلم للطالب أثناء نشاط معين،أو تقارير والبحوث أو تنفيذ المشاريع أو أداء واجبات أو تعيينات معينة.....إلخ.

وبالرغم من أهمية الاختبارات ودورها في العملية التربوية وما يترتب عليها من اتخاذ قرارات مهمة ومصيرية أحياناً. إلا أن الاختبارات التي يعدها الكثير من المعلمين والمعلمات لا تتسم بمواصفات الاختبارات الجيدة من الصدق والثبات وغيرها، كما أن الأسئلة التي يعدونها لا تسير وفق معايير كتابة الأسئلة. ..إلى غير ذلك من المشكلات.

من الضروري إعطاء هذا الامر العناية الكافية سواء من مؤسسات إعداد المعلم أو من الجامعات أو الكليات أو من المعلم نفسه أو الجهة التي يعمل بها، المعلم يستطيع أن يطور نفسه في هذا الجانب من خلال القراءة الذاتية، وسؤال أهل الخبرة، أما المدرسة أو إدارة التعليم فيمكنها أن تعقد دورات تدريبية لرفع مستوى المعلمين في ذلك.

ويجب أن لا يغيب عن الذهن أن عمليتي التدريس والتقويم عمليتان متكاملتان تؤثر كل منها بالأخرى، وعادة ما يقوم المعلم طلابه بناء على ما قام بتدريسه من محتوى دراسي وهو في الغالب ذو مستويات دنيا من العمليات العقلية تركز على الحفظ، الأمر الذي يدعونا إلى تطوير المناهج من جهة وتدريب المعلمين استخدام طرق وأساليب التدريس من جهة أخرى ؟؟؟

ومن ثم القيام بعملية تقويم يتم فيها الاهتمام بالعمليات العقلية العليا والتفكير الناقد والإبداع.

وديننا الإسلامي يدعونا إلى التفكر في جميع مناحي الحياة {أفلا ينظرون إلى الإبـل كيـف خلقـت} الآية 17 سورة الغاشية .

فيجدر بالمسؤولين عن التربية والتعليم التركيـز عـلى الطفـل وإمكانيـة تنميـة قدراتـه الإبداعيـة وقياسها وفقاً لمتطلبات المرحلة ودراسة العقبات التي تعوق إبداعاته وتدمر قدراته العقلية والتفكيرية. إن الاختبارات وحدها لا تعتمد كأسلوب تقويمي وحيد حيث أن هناك العديد من الأساليب الأخرى.

تقويم النتاجات العامة

يحتاج الطلبة إلى التغذية الراجعة والتشجيع أثناء قيامهم بالعمل لتحقيق النتاجات العامة. وفيما يلي عينة من المعايير لتقييم هذه النتاجات موضحة بالتفصيل. يستطيع المعلمون والطلبة اختيار أنسب الدلائل والمؤشرات المناسبة للمستوى الدراسي. إن التطور في خصائص النتاجات العامة هو من مسؤولية المعلمين والطلبة على حد سواء في كل صف دراسي.

1- المواطنة:

يتوقع من الطلبة بعد إنهاء المرحلتين الأساسية والثانوية أن يكونوا قادرين على:

ممارسة حقوقهم وواجباتهم بوصفهم مواطنين يساهمون في تطوير المجتمع والوطن ويتعاملون بوعي مع الأحداث والقضايا الوطنية والإقليمية والعالمية، والطالب الذي يحقق ذلك يجب أن:

- يكون ملماً بالأدوار والمسؤوليات التي يقوم بها أفراد المجتمع.
- يكون مواطناً منتمياً لوطنه ملتزماً بالدستور والقانون.
- يسهم بشكل فاعل بكل ما هو جيد ومفيد لوطنه (كالعمل التطوعي مثلاً).
- يظهر الوعي التام بالأحداث الوطنية والإقليمية والدولية.
- يحترم الحياة، والعائلة والأصدقاء وكذلك البيئة والمجتمع.
- يكون قادراً على تنمية روح الانتماء لديه.
- يتعلم عن الجماعات التي بنت مجتمعه.
- يظهر الكرم والاحترام لحاجات الآخرين.
- يفهم حدود الحريات ومسؤولية امتلاك الحريات.
- يدرك أهمية القيم في الحياة اليومية.
- يُظهر مهارات القيادة.

- يظهر وعيه لمفهوم العدالة.
- يحترم المثل العليا للمجتمع (كالقيم الإسلامية)، ويقدّرها.
- يدرك أثر التغيير في المجتمع.
- يكون لديه شعور وإحساس بأهمية المستقبل لمجتمعه المحلي وللمجتمع الإنساني.

2- معتقدات إسلامية:

يتوقع من الطلبة بعد إنهاء المرحلتين الأساسية والثانوية أن يكونوا قادرين على:

- إظهار إيمانهم وارتباطهم بالقيم الإسلامية بوضوح إذ يتوقع منه أن:
  - يظهر ويبدي التزامه بالإيمان بالله ويلتزم بالقيم والشعائر الدينية.
  - يبدي صدقه وأمانته وكذلك القيم والمبادئ الدينية المشابهة.
  - يحترم معتقدات الآخرين وأديانهم وحقوقهم.
  - يتصرف وفقاً للأعراف والتقاليد الدينية وتقاليد المجتمع.

3- قيم شخصية ومجتمعية:

يتوقع من الطلبة بعد إنهاء المرحلتين الأساسية والثانوية أن يكونوا قادرين على:

إظهار الأمانة والاحترام عند تعاملهم مع الآخرين سواء من أبناء ثقافتهم ودينهم أم ثقافات الآخرين وأديانهم ومن يحقق ذلك يجب أن:

- يُظهر أمانته حتى يتم الوثوق به.
- يتعاون ويتناوب ويشارك في العمل.
- يشارك الآخرين في المصادر والمعدات والمواد.
- يأخذ بعين الاعتبار آثار تصرفاته على المدى الطويل.
- يحترم ويتكيف مع وجهات النظر المختلفة.
- يظهر صبراً واحتراماً لمشاعر الآخرين.
- يدرك أهمية المرونة عند التعامل والعمل مع الآخرين.

- يتصرف باحترام مع الآخرين بغض النظر عن خلفياتهم الثقافية.
- يبدي تفهماً واحتراماً لحقوق الإنسان الأساسية.
- يحترم حقوق الآخرين وممتلكاتهم وآراءهم.
- يكون، مسؤولاً عن تصرفاته.

4- تنمية الاتجاهات نحو التعلم:

يتوقع من الطلبة بعد إنهاء المرحلتين الأساسية والثانوية أن يكونوا قادرين على:

إظهار الالتزام بالتعلم مدى الحياة بوضوح، إذ يجب أن:

- يكون لديه موقف إيجابي نحو التعلم: بحيث يظهر حماساً واهتماماً بذلك.
- يكون لديه تطلعات إيجابية نحو التغيير.
- يكون قادراً على تعريف أهداف التعلم الشخصي ويطوِّر خطة للتعلم.
- يظهر التزاماً نحو التعلم مدى الحياة عن طريق البحث الدائم الدؤوب لمعرفة المستجدات ضمن دائرة اهتمامه.
- يمارس التعلُّم الذاتي بثقة ومسؤولية.
- يكون قادراً على تقويم عمله وإسهاماته.
- يكون مواظباً ومثابراً حتى يكون ناجحاً.
- يقبل التغذية الراجعة من الآخرين ويستخدمها في التطوير.
- يظهر روح المبادرة والإبداع.
- يمتلك الدافع الذاتي للتعلّم والتطور.
- يستخدم المعايير ويقوِّم عمله ويستخدم استراتيجيات فاعلة.
- يمارس النقد الذاتي على أفكاره وعواطفه.

5- مهارات التعلم:

يتوقع من الطلبة بعد إنهاء المرحلتين الأساسية والثانوية أن يكونوا قادرين على:

تحمل المسؤولية والثقة بالنفس واستقلال الشخصية والبحث المبتكر عن أفكار جديدة بحيث يصبح الطالب قادرا على أن:

- يستخدم الوقت والمصادر بشكل فاعل ومؤثر.
- يستمع التوجيهات ويتبع القوانين.
- يتحمل المسؤولية عن تصرفاته.
- يتبع التعليمات بطريقة مستقلة، ولا يحتاج إلى الكثير من الإشراف والتوجيه.
- يحافظ على دقة الوقت في أدائه للواجبات.
- يتبع خطة نحو التطوير والتطور بطريقة مستقلة.
- يقوم بتقييم ذاتي ومراجعة للأهداف حسب المطلوب.
- يختار معلومات أساسية مفتاحية من مصادر مختلفة.
- يُظهر روح المبادرة ولا يستسلم أمام المعيقات.
- يحاول معرفة الجديد بطريقة إيجابية وبثقة تامة.
- يعمل بشكل مستقل لحل المشكلات.
- يبدي روح المبادرة والإبداع في تطوير الخطط والأعمال.
- يكوِّن فرضيات ويستخدم المعلومات لتأكيدها.
- يراجع الخطط عندما تبرز أفكار جديدة أو وجهات نظر غير مألوفة.
- يجمع المعلومات ويسجلها بطريقة ماهرة وحاذقة.
- يطبق الخبرات السابقة في المواقف الجديدة لحل المشكلات.
- يختبر الحلول من أجل للتأكد من الدقة والمعقولية والمنطق.

6- مهارات الاتصال:

يتوقع من الطلبة بعد إنهاء المرحلتين الأساسية والثانوية أن يكونوا قادرين على:
التواصل بطريقة فاعلة مع الآخرين بمختلف الأساليب، ومعايير تحقق مهارات الاتصال هي أن:

- يكون قادراً على التقاط النقاط الهامة عند الاستماع.

- يمارس مهارات الاستماع الجيد داخل المجموعة.
- يسأل أهم الأسئلة وأدقها.
- يستخدم الأسئلة التي تساعد على فهم النقاط الهامة.
- يطرح الأسئلة التي تساعد المجموعة أو الصف على التقدم للأمام.
- يأخذ بعين الاعتبار المصادر المختلفة قبل استخلاص النتائج.
- يظهر إبداعاً في جمع المعلومات من مصادر مختلفة.
- يشارك في تبادل الأفكار الجديدة مع الآخرين.
- يختار الأفكار الرئيسية ويدعمها بالتفاصيل.
- يجمِّع المعلومات ويتواصل بطريقة فاعلة ومؤثرة.

7- مهارات العمل الجماعي (العمل بروح الفريق):

يتوقع من الطلبة بعد إنهاء المرحلتين الأساسية والثانوية أن يكونوا قادرين على:
التعاون بطريقة فاعلة مع الآخرين سواءً في جماعات أم فرق.
ومعايير تحقق التعاون هي أن:

- يشارك في أنشطة فردية أو جماعية.
- يقوم باتخاذ أدوار متنوعة داخل المجموعة بما في ذلك دور القيادة.
- يستمع ويأخذ دوره في الحديث بكل احترام دون مقاطعة.
- يعمل على إكمال الواجب المطلوب.
- يسهم في تقديم الأفكار والمعلومات باعتدال.
- يدرك دوره في المجموعة حتى تتمكن من أداء عملها بشكل جيد وصحيح.
- يظهر احتراماً لأفكار الآخرين.
- يلخص وجهات نظر الآخرين ليقدم توجيهاً وإرشاداً واضحين.
- يساعد المجموعة على العمل بروح الفريق.
- يسهم في حل المسائل والقضايا بطريقة تعاونية.
- يرضى بنصيبه العادل في العمل ويتحمّل المسؤولية في إكماله.

- يشجع الآخرين ضمن المجموعة ويحفزهم.
- يطرح أسئلة على المجموعة بهدف التوضيح.
- يساعد المجموعة في التوصل إلى اتفاق.
- يبحث في كيفية أداء المجموعة لعملها بشكل جيد.
- يساعد الآخرين في تقييم عملهم.
- يبدأ العمل في الوقت المحدد بدقة ويظهر جهداً متواصلاً.
- يستثمر الوقت بطريقة فاعلة.
- يواظب على الواجبات والمهام حتى يتم إنجازها.
- يرحب بإسهامات الآخرين ونجاحات المجموعة.

8- الكفايات التكنولوجية:

يتوقع من الطلبة بعد إنهاء المرحلتين الأساسية والثانوية أن يكونوا قادرين على:

استخدام تكنولوجيا المعلومات والاتصالات لرصد المعلومات وإدارتها وتحليلها ونقلها وتوليد المعرفة وتطبيقها، ومعايير تحقق ذلك أن:

- يدرك المصادر المختلفة للتكنولوجيا في الحياة اليومية.
- يستخدم التكنولوجيا في الفهم والاتصال وحل المشكلات.
- يستخدم التكنولوجيا من مصادر مختلفة بطريقة آمنة وأخلاقية.
- يُنظم العمل والمواد بطريقة آمنة وفاعلة.
- يستخدم التكنولوجيا في حل المشكلات الجديدة.
- يكون مبدعاً في اختيار التكنولوجيا المناسبة.
- يجمع المعلومات من مصادرها المختلفة بطريقة فاعلة ودقيقة.
- يتأكد بأن المعلومات التي تم جمعها موثوقة وغير متحيزة.
- يستخدم تكنولوجيا المعلومات في جمعه للمعلومات.
- يُحلل وسائل الإعلام بعناية بطريقة ناقدة.
- يدرك فوائد التكنولوجيا ومضارها.

- يفهم المبادئ العلمية التي تُكوِّن الأساس للتكنولوجيا المألوفة.
- يستخدم المعرفة المكتسبة (كالرياضيات) لفهم التكنولوجيا.
- يفهم الروابط بين التكنولوجيا وباقي حقول المعرفة الأخرى.

9 مهارات التفكير:

يتوقع من الطلبة بعد إنهاء المرحلتين الأساسية والثانوية أن يكونوا قادرين على:
استخدام التفكير الناقد وحل المشكلات ومهارات صنع القرار بطريقة فاعلة، ومعايير ذلك أن:

- يقدّر الاحتياجات قبل تحديدها.
- يحل المشكلات بطريقة مستقلة وضمن المجموعة.
- يتعرّف طرق حل المشكلات.
- يبحث عن أكثر من حل للمشكلة الواحدة.
- يستخدم المنطق في حل المشكلات.
- يحتفظ بسجل للنتائج التي توصل إليها إضافة إلى الطريقة التي استخدمها في الحل.
- يبتدع أفكاراً جديدة وأصيلة وإبداعية.
- يختبر دقة الحل للخطة.
- يبذل جهده عندما تكون المشكلة صعبة الحل.
- يختبر الأدوات والمواد المناسبة لحل المشكلة.
- يعمل على تطوير أسئلة مختلفة.
- يربط الأفكار بطريقة جديدة.
- ينظم المعلومات بطرق وأساليب جديدة ومن أجل غايات وأهداف جديدة.
- يستخدم المعرفة في سبيل ابتداع خيارات جديدة.

استراتيجيات التقويم: Assessment Strategies

أدت ثورة المعرفة المعلومات والاتصالات في القرن الحادى والعشرين،إلى ان تتجه معظم الدول نحو الاقتصاد المعرفي (ERFKE)، وتطبيق استراتيجيات التقويم الحديثة وحسن توظيفها واستخدامها بما يتمشى مع طبيعة المنهاج والمتعلمين، ويحقق خلق بيئات تعلم تشجع على المبادرة والابتكار والتفكير الناقد وصنع القرار واتخاذه وحل المشكلات.

ويتوقف تطبيق استراتيجيات التقويم Assessment Strategies على ما يلي:

(1) أنْ يتّجه تطبيق استراتيجيات التقويم إلى توضيح مدى تحقق الأهداف المنشودة عن طريق قياس نواحي النّمو العقلي والوجداني والاجتماعي للمتعلمين.

(2) أنْ يزيد استخدام استراتيجيات التقويم في إمكانات تحديد مشكلات التّدريس والتّحصيل، ومن ثمة إدراك مواطن القصور ونواحي النّجاح فيهما.

(3) أنْ تُسهم في تحديد الآليات والإجراءات الوظيفية العاملة على تحقيق الأهداف، باعتبار أن للتّقويم علاقة بجميع عناصر المنهاج.

(4) أنْ يكون تطبيق الإستراتيجية شاملة للموضوع المُقوَّم، حيث يتناول جميع عناصره المُكوِّنة، وبيئته التي أوجدته...كأن نتناول في تقويم تحصيل الطالب الجوانب العقلية والوجدانية والاجتماعية واستعداداته واتجاهاته... أو نُقوِّم المنهاج التعليمي فنتناول بالتّقويم الأهداف التّربوية المحتوى الدّراسي والطّريقة والوسائل الإيضاحية...

(5) أنْ يوائم تطبيق استراتيجيات التقويم طرائق التّدريس ؛ أي أن يبدأ التّقويم منذ تحديد الأهداف التّربوية، ويستمر مع كل درس ونشاط وتدريب لتلافي نواحي القصور في العملية التعليمية، ومن ثمة تحقيق الأهداف التّربوية المتوخاة.

(6) أنْ تتكامل أدوات التّقويم فيما بينها من منطلق أنها تسعى إلى غرض واحد، وعليه يعطينا التّقويم صورة محددة وواضحة على الشّخص أو الموضوع المُقوَّم.

(7) أنْ يقوم التّقويم على مبدأ التّعاون، فلا يتفرّد بعملية التّقويم شخصٌ واحدٌ، وإنّما الأسرة التربوية برمتها، بما في ذلك المعلمين والأولياء والموجهين التّربويين...

(8) أنْ ينبني تطبيق استراتيجيات التقويم على أساس علميّ من حيث دقة أساليبه، وموضوعية إجراءاته، وعلمية منهجه.

(9) أنْ يُنجَز تطبيق استراتيجيات التقويم بأقل تكلفة، وأيسر جهد، وأقصر وقت، وأكبر فعالية ممكنة.

(10) أن ترتبط استراتيجية التقويم بأهداف تدريس الموضوع الأساسية.

(11) أن تعالج استراتيجية التقويم الفروق الفردية بين الطلاب.

(12) أن تراعي استراتيجية التقويم نمط التدريس ونوعه (فردي، جماعي).

(13) أن تراعي استراتيجية التقويم الإمكانات المتاحة بالمدرسة.

(14) أنْ ينبني تطبيق استراتيجيات التقويم على التفكير:

ينبغي أن يركز المعلم على جانب تنمية التفكير من خلال التقويم بحيث يطرح أسئلة وتمارين تتحدى عقول الطلاب وتضعها في موقف مثير ومدهش لتنشط عقولهم وتتوقد أذهانهم. ومن ذلك أسلوب العصف الذهني في استمطار الأفكار ,,, عرض حالات معرفية مغايرة للعادة , البحث لاكتشاف الأخطاء ,,,,, وغيرها.

ومن أمثلة ذلك:

ماذا يحدث لو......./تحليل استدلالي

كيف نطور المفهوم / القانون....../ إبداع

لماذا حدث ذلك........ /تفسير

كيف تصمم استراتيجية التقويم ؟

تصمم استراتيجية التقويم في صورة خطوات إجرائية بحيث يكون لكل خطوة بدائل، حتى تتسم الاستراتيجية بالمرونة عند تنفيذها، وكل خطوة تحتوي على جزيئات تفصيلية منتظمة ومتتابعة لتحقيق الأهداف المرجوة، لذلك يتطلب من المعلم عند تنفيذ استراتيجية التقويم تخطيط منظم مراعياً في ذلك طبيعة المتعلمين وفهم الفروق الفردية بينهم والتعرف على مكونات التدريس.

مواصفات الاستراتيجية الجيدة في التقويم:

1- الموضوعية (Objectivité):

2- الثّبات (Fiabilité)

3- الصّدق (Validité)

4- الملاحظة: Observation:

وهي عملية مشاهدة الطلاب وتسجيل المعلومات لاتخاذ قرار في مرحلة لاحقة من عملية التعليم والتعلم، ويمكن استخدام ادوات: قائمة الرصد، سلالم التقدير، والدفاتر الجانبية واليومية في الملاحظة.

5- التواصل: Communication:

وهو لقاء مبرمج بين المعلم والمتعلم لتقويم التقدم لدى الطالب في مشروع معين ويكون التركيز على مدى التقدم إلى تاريخ معين ومن ثم تحديد الخطوات اللاحقة.

6- مراجعة الذات: Reflection:

وتشتمل يوميات الطالب، وملف الطالب، التقويم الذاتي.

7- الشمول comprehension ، بحيث تتضمن جميع المواقف والاحتمالات المتوقعة في الموقف التعليمي.

8- المرونة والقابلية للتطوير aggiornamento، بحيث يمكن استخدامها من صف لآخر.

إن استراتيجيات التقويم ترمي إلى التأكد من تحقق أهداف العملية التعليمية وذلك عن طريق:

1) تنظيم أساليب تقويم التحصيل الدراسي وإجراءاته في مراحل التعليم العام وما في مستواها.

2) تحديد مستوى تحصيل الطالب، والتعرف على مدى تقدمه نحو تحقيق الغايات والأهداف أو النتائج.

3) إمداد الطالب والقائمين على العملية التعليمية بالمعلومات اللازمة من أجل تحسين مستوى التعلم ورفع كفاية المناهج وأساليب التدريس.

4) تطوير عمليات التقويم وإجراءاته والمراجعة المستمرة لها وفق الأسس العلمية.

5) الإسهام في الحدّ من مشكلات الرسوب وما يترتب عليه.

ما المقصود بأدوات التقويم ؟

يُقصَدُ بها هنا وسائل جمع المعلومات عن أداء الطالب، مثل: الاختبارات الكتابية، والشفهية، والعملية، والواجبات المنزلية، وملحوظات المعلمين.

طرائق تسجيل معلومات التقويم (أدوات التقويم):

- قائمة الرصد Check List
- سلّم التقدير. Rating Scale
- سلّم التقدير اللفظي. Verbal rating scale/Rubric
- سجل وصف سير التعلم.Log Learning
- السجل القصصي. Anecdotal record
- الملاحظة Note
- المقابلة الشخصية Personal interview
- دراسة الحالة Situation study
- التقارير الذاتية Self-reporting
- الاختبارات Tests
- الاستبيان Questionnaire

- السجل التراكمي Cumulative record
- تقارير المعلمين Reports teachers
- سلالم الاتجاهات Staircases trends

استراتيجيات التقويم
Assessment Strategies

أولاً: التقويم المعتمد على الأداء (Performance – based Assessment):

يتطلب التقويم المعتمد على الأداء من الطالب أن يوضح تعلمه من خلال توظيف مهاراته في مواقف حياتية حقيقية، أو مواقف تحاكي المواقف الحقيقية (متقمصة).

فعاليات إستراتيجية التقويم المعتمد على الأداء:

- العرض التوضيحي Demonstration
- الحديث Speech
- المحاكاة (لعب أدوار) Simulation / Role–playing
- المناقشة / المناظرة Debate
- الأداء Performance
- المعرض Exhibition
- التقديم Presentation

إن التقويم بالأداء يستخدم عندما يكون من الأفضل للطالب أن يظهر مهارات البحث من خلال العمل. حيث إن القلم والورقة غير كاف لإظهار التحصيل لبعض النتاجات.

من الممكن أن يوفر الأداء للطلبة فرصة استخدام مواد حسية مثل (أدوات رياضية، بصريات حاسبية، أزياء، طباعة، الحاسوب، التجارب العلمية،.....) لإظهار أفكارهم ومهاراتهم.

إن الأداء يتطلب تقويماً مبنياً على معايير واضحة، تم تطويرها من قبل المعلم والطالب في معظم الأحيان.

دور المعلم في تطوير التقويم المعتمد على الأداء واستخدامه

- تحديد نقاط الفهم الرئيسة التي يجب أن يظهرها الطالب.
- تقرير فيما إذا كان الأداء سيطبق فردياً أو على شكل مجموعات.
- العمل مع الطلاب لبناء معايير التقويم.
- وضع خطوط زمنية للإعداد والأداء.
- جمع خطط الطلاب حول الأداء المنوي تطبيقه.
- مساعدة الطلاب في الحصول على المواد والتجهيزات.
- مراقبة الطلاب في مراحل مختلفة من التحضير.
- تقويم الأداء الحقيقي الذي يظهره الطلاب.
- إعطاء تغذية راجعة واقتراحات حول تطورهم بعد تقديمهم الأداء.

ثانياً: استراتيجيه الورقة والقلم: (Pencil and Paper)

يستخدم التقويم بالورقة والقلم، لجمع أدلة حول تعلم الطالب. ويمكن تقويم كل من تذكر الحقائق والمهارات العليا باستخدام الورقة والقلم، وباستخدام أدوات معدة بعناية. ويمكن أيضاً للطلاب أن يظهروا مهاراتهم من خلال إكمال جدول أو رسم.

تعد استراتيجيه الورقة والقلم من الاستراتيجيات الهامة ؛ لأن أبرز الوسائل المستخدمة في قياس التحصيل المدرسي هي الاختبارات. وكذلك من الممكن أن تظهر اختبارات الورقة والقلم الحاجة إلى إعادة التعليم متبوعاً باختبار آخر، يمكن للطالب من خلاله أن يوضح تعلم مهارات لم يكن يتقنها من قبل. وكمبدأ أساسي، ينبغي أن لا يكون هنالك مفاجآت في الاختبارات.

فما الاختبارات ؟ وما أهدافها ؟ ثم ما أنواعها ؟ وأخيراً ما دور الأسئلة في التعليم الصفي ؟

الاختبارات

تعريف الاختبار:

وسيلة منظمة لتقويم قدرات الطلاب ولتحديد مستوى تحصيل المعلومات والمهارات عندهم، في مادة دراسية تعلموها مسبقاً، وذلك من خلال إجابتهم على مجموعة من الفقرات التي تمثل محتوى المادة الدراسية.

هو أداة للقياس للتحقق من وجود السلوك المتوقع واكتشاف درجة إتقان هذا السلوك.

هو مجموعة من الأسئلة تقدم للطلبة ليجيبوا عنها.

هو إجراء تنظيمي تتم فيه ملاحظة الطلاب والتأكيد من مدى تحقيقهم للأهداف الموضوعية مع وصف الاستجابات بمقاييس عددية.

هو أهم طرق التقويم وأكثرها في الميدان التربوي.

هو سلسلة من المثيرات تتطلب استجابات من المتعلم لقياس سلوكه أو معرفته في موضوع من الموضوعات.

هو الذي يصلح لأداء الغرض الذي وضع من اجله (الاختبار الجيد).

يمكن أن نلخص ما سبق أن الاختبارات التحصيلية:

- الاختبارات وسيلة وليست غاية.
- وسيلة منظمة لتقويم قدرات الطالب وتحصيله ومستواه العلمي والفكري والأدائي.
- وسيلة واحدة وليست الوسيلة الوحيدة.

ما الفرق بين الاختبارات التحصيلية والاختبارات المقننة ؟

الاختبارات التحصيلية: هي عملية منظمة، يقوم بها معلم أو مجموعة من المعلمين، تحت إشراف جهة رسمية هي المدرسة. ويمكن أن تجرى أو تنفذ لمرة واحدة أو لمرات عديدة وفي أوقات مختلفة، حسب وضع الطلاب الذين سيؤدونها وعمرهم ومستواهم. والهدف منها أن تقيس تقدم الطالب في ناحية من نواحي التحصيل

الدراسي مثلاً، أو تقيس الـذكاء أو الاتجاهـات أو الميـول عنـد طالـب أو مجموعـة مـن الطلاب، بواسطة مجموعة من الأسئلة أو المشكلات أو التمرينات، وتظهر نتائجها بعد أن تتم على شكل درجات أو تقديرات توضع مسبقاً من قبل المشرفين عليها.

الاختبارات المقننة: يُقصَدُ بها هنا الاختبارات التي يتم إعـدادها مـن قبـل فريـق مـن المختصـين وتطبق في ظروف وشروط معيارية موحدة لجميع من يطبق عليهم الاختبار.

دور المعلم في تطوير التقويم باستخدام الورقة والقلم وتوظيفه:

- تحديد الكلمات والعبارات المفتاحية في المفاهيم الأساسية في الدرس.
- تصميم الاختبار القصير، الاختبار بالاعتماد على مفاتيح الفهم الأساسية التي يجب تقويمها.
- التأكد من أن التقويم بالورقة والقلم يعكس مدى تقدم الطلبة.
- إعطاء نماذج من الأسئلة وإجاباتها لمساعدة الطلاب على الدراسة.
- تزويد الطلاب بتفاصيل توزيع العلامات، مبيناً بالضبط كيف يمكن الحصول على العلامة.
- تزويد الطلاب بعينة من الإجابات النموذجية لمساعدة الذين واجهتهم صعوبات في الاختيار.
- إعادة تدريس المادة إذا تطلب الأمر ذلك.

من أغراض الاختبارات:

1- قياس تحصيل الطلاب
2- تقويم عمل المعلم
3- تقويم المنهج الدراسي
4- تقويم نظم التعليم وطرائقه بهدف تحسينها
5- نقل الطلاب من فصل إلى أخر
6- نقل الطلاب من مرحلة إلى أخرى

7- الكشف عن الاختلافات الفردية بأنواعها في (الذكاء- وسرعة التعلم-والمهارة)
8- تسجل علامة للطالب ليقيم بموجبها
9- معرفة مدى تحقيق الأهداف التربوية
10- تحديد تخصصات ورغبات واتجاهات الطلاب
11- اختيار المعلمين وتحسين مستوى الهيئة التدريسية
12- اختبار الاختبار نفسه (بالتحليل الإحصائي لنتائجها واستخراج معامل الصعوبة والسهولة والتمييز لكل سؤال كي يحدد فعاليته)
13- التشخيص (عند رسوب الطالب في مادة اكثر من مرة فان المعلم يؤلف اختباراً تشخيصيا يغطي المادة في السنوات السابقة ثم يعطيه للطالب كي يحدد أخطاءه ثم يعلمه تعليما علاجيا فيما بعد)
14- تحديد مستوى الطلاب
15- التنبؤ بأداء الطلاب مستقبلاً
16- تنشيط الدافعية للتعلم، وتعني الدافعية أن الاختبارات تنمي لدى الطلاب، روح الجد والمذاكرة، والاجتهاد والمثابرة، والرغبة في تصحيح الأخطاء، كما أنها تتيح الفرصة لهم لممارسة التعبير عن آرائهم بوضوح وطلاقة وسرعة، وتجبرهم في الوقت ذاته على تنظيم أفكارهم وتنمية قدراتهم على التركيز.
17- قياس الاستعداد(لتحديد مستوى الطالب الجديد)
18- تهدف إلى تحسين التعليم والتعلم، كونها تجعلنا على دراية بمستويات الطلاب، ومدى نجاح أو فشل المعلم، والمنهج، وطرق التدريس وخلافه.
19 - يمكن أن تكون نتائجها أساساً للقرارات الإدارية المختلفة، والمرتبطة بالعملية التربوية والتعليمية بشكل عام.
20 - يمكن أن تعطينا بعض المؤشرات عن المستقبل التعليمي للكثير من الطلاب.
21 - بواسطتها تمنح الشهادات.

من صفات الاختبار الجيد:

1- الصدق ـ أن يقيس الاختبار فعلاً ما وضع لقياسه.

2- الثبات ـ هو حصول الطالب على النتائج نفسها عند إعادة الاختبار أكثر من مرة بشرط عدم حدوث تعلم بين المرتين.

3- الموضوعية ـ هو الذي يعطي نتيجة معينة بغض النظر عمن يصححه (ليس هناك تأثير لشخصية المصحح على وضع وتقدير علامات الطلاب)

4- سهولة التطبيق: اسهل الاختبارات من حيث التطبيق اختبارات التحصيل غير المقننة وأسهلها اختبار المقال.

5- سهولة التصحيح: اختبارات الموضوعي سهل التصحيح.والمقالي بالغ التعقيد

6- اقتصادي (غير مكلف مادياً) أرخص اختبار من حيث التكلفة المادية اختبار المقال

7- التميز: (تميز بين الطلاب يستطيع أن يبرز الفروق الفردية بين الطلاب ويميز بين المتفوقين والضعاف)

8- الشمول: شامل لجميع أجزاء المنهج.

9- الوضوح: خالية من اللبس والغموض

مهارة طرح الأسئلة

وتعني القدرة على طرح عدد كبير من الأسئلة الواضحة المحددة، في زمن مناسب. وينبغي على المعلم مراعاة ما يلي:

- أن يكون السؤال واضحا لتجنب إعادة صياغته طرح السؤال على الجميع ثم اختيار الطالب المجيب.
- تجنب الأسئلة الموحية بالإجابة إلا في حدود الحاجة إليها.
- إعطاء التلاميذ الوقت الكافي للتفكير في السؤال المطروح قبل اختيار الطالب المجيب.
- استخدام الأسئلة السابرة والمتنوعة (تذكر، تطبيق، تقويم).
- احترام أسئلة التلاميذ وعدم رفضها.

أنواع الاختبارات:

يمكن حصر أنواع الاختبارات المستخدمة في تقويم التحصيل المدرسي وقياسه، كما يلي:

1- الاختبارات الشفوية

2 – الاختبارات التقليدية.

3 – الاختبارات الموضوعية.

4 – وسائل أخرى للتحصيل المدرسي.

5 – وظيفة الأسئلة.

1- الاختبارات الشفوية

ربما تكون الاختبارات الشفوية أقدم طريقة استخدمت في تحديد استيعاب المتعلمين للـدروس التي تعلموها، فيقال أن سقراط قد استعمل الاختبارات الشفوية منذ القرن الرابع قبل الميلاد للوقوف على مستوى مستمعيه لكي يبني تعليمه لهم على أساس خبرتهم الماضية.

ولا شك أن للاختبارات الشفوية أهميتها في تقييم قدرة المتعلم على القراءة والنطق السليم، والتعبير والمحادثة، وكذلك في مجال الحكم على مدى استيعابه للحقائق والمفاهيم، كما يمكن عن طريـق الاختبارات الشفوية الكشف عن أخطاء المتعلمين وتصحيحها في الحال ويستطيع المتعلمين الاستفادة مـن إجابات زملائهم.

ومن المآخذ على الاختبارات الشفوية أنها لا تتسم غالبا بالصدق والثبات والموضوعية حيث تتأثر بالمستوى العلمي للمعلم وظروفه النفسية والمهنية وكذلك المناخ التربوي الذي يحيط به، كما تتطلب وقتـا طويلا لاختبار عدد كبير من الطلاب.

2 – الاختبارات التقليدية (اختبارات المقال):

وهي عبارة عن عدد محدود من الأسئلة، يطلب من الطـلاب أن يجيبوا عليها بمقـال طويل أو قصير بحسب مستواهم الدراسي، وفي وقت محدد لذلك. وأسئلة

الاختبارات التقليدية أو (المقال) – غالباً – تبدأ بكلمات مثل: عدد، اذكر، اشرح، ناقش، قارن، متى حدث كذا وكذا... الخ.

اختبارات المقال تتيح للمتعلمين الفرصة للتعبير عن أنفسهم بالصورة التي يرونها، كما أنها تنمي قدرتهم على التأمل والإبداع الفكري ونقد وتقييم المعلومات والحقائق والمفاضلة بينها.

ويمكن تقسيم اختبارات المقال إلى نوعين:

1- الاختبارات ذات الإجابة المطولة:

وهنا يمنح المتعلم كامل الحرية في الإجابة من حيث اختيار الحقائق وطريقة شرحها وكمية الكتابة للوصول إلى إجابة شاملة.

2- الاختبارات ذات الإجابة المحدودة:

وهنا يجيب المتعلم على هذا النوع من الأسئلة المقالية إجابة محددة قصيرة. تمتاز الاختبارات المقالية بما يلي:

أ- سهولة بناء وتصميم الاختبار.

ب- كفاءته في قياس كثير من القدرات المعرفية، كالقدرة على تكوين رأي والدفاع عنه، المقارنة بين شيئين، بيان العلاقة بين السبب والنتيجة، شرح وتفسير المعاني والمفاهيم والمصطلحات، القدرة على التحليل، تطبيق القواعد والقوانين والمبادئ، القدرة على التمييز وحل المشكلات.

ج- يتيح للمتعلم الفرصة لتنظيم إجابته وترتيبها، وعرض الحقائق عرضا منطقيا.

د- معالجتها للوحدات الكلية من الخبرة المتعلمة، وهي بذلك تفيد الطلاب وتدربهم على هذه المعالجة.

هـ - يمكنها أن تقيس اتجاهات الطلاب التي تكونت أو تعدلت نتيجة لخبرة التعلم (الدراسة).

ويعيب الأسئلة المقالية ما يلي:

أ- لا تغطي الاختبارات المقالية جميع موضوعات المادة لأن عدد أسئلتها قليل.

ب- أن تصحيحها قد يتأثر بعوامل ذاتية أو شخصية من قبل المعلم؛ أي اختلاف تقدير درجاتها من مصحح لآخر، ومعنى هذا أن التقدير الذاتي للمصحح، يلعب دوراً كبيراً في عـدم ثبـات نتائجها، كما أن مزاج المصحح وحالته النفسية تؤثر على نتائجها.

ج- تستغرق وقتا طويلا وجهدا في تصحيحها.

د- اهتمام الاختبارات المقالية بالمعارف المحضة، وتغليب الجانب النظري على الجانب العملـي، ولا تغطي الجوانب العلمية والمهارية، والنشاطات المختلفة التي لها دور في بناء شخصيات الطلاب وجعلهم أعضاء نافعين.

- مقترحات لتحسينها:

لتحسين هذا النوع من أسئلة الاختبارات نرى اتباع ما يلي:

أ - أسئلة المقال لطلاب المرحلة الأساسية، يجب أن تكون قصيرة وإجاباتها محددة بدقة.

ب- حدد هدف السؤال قبل وضعه، مـع تحديـد حريـة الإجابـة حتى لا يخـرج الطالـب عـن الجواب الذي تطلبه.

ج- حدد على ورقة الأسئلة علامة كل سؤال من الأسئلة لكي يعطي الطلاب الوقت المستحق لكل سؤال.

د- لتكن الأسئلة متنوعة من حيث السهولة والصعوبة، ومتعلقة بأساسيات المادة.

3 - الاختبارات الموضوعية:

سميت الاختبارات الموضوعية بهذا الاسم لأن:

أ - طريقة تصحيحها تُخْرِجُ رأي المصحح أو حكمه من عمليـة التصـحيح وذلك بجعل الجواب محدداً تماماً.

ب - لأنها تمثل مختلف أجزاء المادة، ويمكننا ذلك من قياس قدرة الطلاب بدقة ومن ثم الوقوف على نقاط الضعف والقوة لكل طالب.

فالاختبارات الموضوعية: هـي الاختبارات التي لا يتأثـر تصـحيحها بالحكم الـذاتي للمصحح، والإجابة عليها محددة لا يختلف في تصحيحها اثنان.

مميزاتها:

1- تستغرق وقتا قصيرا في تصحيحها.

2- يمكن لغير المتخصص تصحيحها.

3- تغطي قدرا كبيرا من المنهج الدراسي لكثرة عدد الأسئلة في الاختبار الواحد.

4- تزيل الأسئلة الموضوعية خوف ورهبة المتعلمين من الاختبارات لأنها تتطلب منهم التعرف فقط على الإجابة الصحيحة.

5- تتصف بثبات وصدق عاليين نتيجة للتصحيح الموضوعي.

6- تشعر المتعلمين بعدالة التصحيح وتبعد التهمة بالتحيز والظلم عن المعلمين.

7- تسهل عملية التحليل الاحصائي لنتائج المتعلمين.

8- تمكن المعلم من تشخيص نقاط القوة والضعف لدى المتعلمين.

9- يمكن تجربتها على المتعلمين في السنة الدراسية الحالية ومن ثم تحليلها وادخال التعديلات المناسبة عليها وتطبيقها بعد ذلك في الأعوام القادمة.

10 - تصحيحها يتم بطريقة موضوعية بعيدة عن عيوب التقدير الذاتي وبوقت قصير.

11 - إجاباتها لا تتأثر بقدرات الطلاب اللغوية وأساليبهم في الكتابة.

12 - تزيل الخوف من الاختبار، كون المطلوب فيها التعرف على الإجابة الصحيحة، كما أن فرص النجاح فيها كبيرة لكثرة أسئلتها.

13 - تمنع الطالب من التحايل أو التهرب من الإجابة مباشرة على ما يريده المعلم.

14 - يمكن استعمال الحاسب الآلي في تصحيحها.

عيوبها:

1- تهمل القدرات الكتابية.

2- تشجع على التخمين وخاصة في أسئلة الصواب والخطأ إلا إذا عالجنا ذلك بتطبيق معادلة التصحيح وهي ما يعرف بمبدأ "الخطأ يأكل الصح".

3- تأخذ جهدا في صياغتها وتتطلب كذلك مهارة ودقة.

4- الغش فيها سهل، علماً بأن هذه المشكلة أخلاقية قبل أن تكون مشكلة متعلقة بنمط أسئلة الاختبار.

وتنقسم الاختبارات الموضوعية إلى أقسام أهمها:

1- أسئلة اكمال العبارات: وتستخدم في معرفة المفاهيم والمصطلحات والحقائق والأجهزة والأدوات وأسماء المواقع على الخريطة.

2- أسئلة الصواب والخطأ: ونسبة التخمين عالية جدا في هذا النوع من الأسئلة الموضوعية.

3- أسئلة الاختيار من متعدد: وتستخدم في التعريف والغرض والسبب ومعرفة الخطأ والتمييز والتشابه والترتيب.

4- أسئلة المزاوجة: تكون بين قائمتين أو مجموعتين الأولى تضم المقدمات أو الدعامات والثانية تضم الاستجابات. ويجب أن تكون مادة السؤال في هذا النوع متجانسة بحيث يحتوي السؤال على مجموعة من القادة مثلا والاستجابات عبارة عن معارك أو مدن والاستجابات هي الدول التي توجد فيها، كما يجب استخدام عدد أكبر أو أصغر من الاستجابات لتقليل عامل التخمين.

5- أسئلة تعتمد على الصور والخرائط والجداول والرسوم البيانية: ويتطلب هذا النوع من الأسئلة أن يرسم المتعلم بعض الخرائط أو الرسوم البيانية أو الأشكال التوضيحية، أو يطلب منه اكمال بعض أجزاء من رسم معين، أو يجيب على أسئلة تعتمد فيها الإجابة على خرائط ورسوم ومخططات.

6- أسئلة إعادة الترتيب: وفيها يعطى المتعلم عددا من الكلمات أو التواريخ أو الأحداث ويطلب منه ترتيبها وفق نظام معين وذلك بإعطائها أرقاما متسلسلة.

الأنواع السابقة من الاختبارات الموضوعية شائعة الاستخدام في مدارسنا، وهي ليست بديلا عن الاختبارات الشفوية أو اختبارات المقال ولكنها مكملة لها، وعموما الاختبار الجيد هو ما كان متعدد الأهداف، شاملا لموضوعات المنهج، جامعا بين أنماط الأسئلة المختلفة، مراعيا ما بين المتعلمين من فروق فردية، ومظهرا مستوياتهم التحصيلية الحقيقية.

أنواع فقرات الاختبارات الموضوعية

أولاً: الفقرات ذات الإجابة الموجهة:

1- فقرات التكميل (أسئلة إكمال العبارات):

وفي هذا النوع يطلب تكميل عبارة أو جملة بكلمات محدودة، ويمكن أن تكون الكلمة المطلوب إضافتها في بداية الجملة أو منتصفها أو في نهايتها.

نموذج:

أكمل العبارات التالية بوضع الكلمة أو الجملة المناسبة في المكان الخالي:

– تتكون الكربوهيدرات من وحدات بنائية أساسية تسمى...................

–...................هو الخليفة الثالث من الخلفاء الراشدين.

– يتناقص الضغط الجوي مع الارتفاع بمقدار............. لكل 10م.

– أركان الصلاة عددها....................

2- أسئلة الإجابات القصيرة:

شروطها:

1. إيضاح ما يجب أن يفعله الطالب في مقدمة أسئلة التكميل.
2. أن لا يحتمل الفراغ أكثر من إجابة صحيحة.
3. أن تصاغ الأسئلة بدقة حتى لا تعطي إجابات متنوعة وكلمات مترادفة.
4. تصاغ الجمل بصيغة سؤال مباشر، ويترك للطالب مكان خالٍ ليكتب الإجابة المطلوبة.
5. يمكن صياغتها بطرائق عدة منها:

● **صيغة السؤال:**

مثاله:

– كم عدد أركان الصلاة (   ).

– متى فرضت الصلاة (   ).

– مقدار زكاة خمس من الإبل (   ).

– كم عدد ركعات صلاة العشاء (   ).

- **صيغة الربط:**

في هذا النوع من الأسئلة توضع كلمات أو عبارات ويطلب من الطالب تكملتها بكتابة معلومات معينة مرتبطة بها.

مثاله:

- في حالة الشهيق .... حجم الرئتين نتيجة لـ .... الهواء إليها.

- يبدأ الجهاز البولي بـ............... وينتهي بـ.....................

- الغاية من عملية التكاثر عند الإنسان هي.....................

- يعود سبب تعاقب الفصول على الكرة الأرضية إلى ....

- أبعد نقطة في مدار الأرض عن الشمس تسمى ....

- تحدث ظاهرة المد والجزر بفعل.....................

- الإيمان بالملائكة هو الركن الثاني من أركان ....

- الخوارج هم القائلون بأن مرتكب الكبيرة.....................

- مظاهرة المشركين ومعاونتهم على المسلمين من نواقض ....

- **اختيار الكلمة المناسبة:**

مثاله:

اختر المصطلح المناسب للعبارات التالية:

(التردد، انعكاس الضوء، انكسار الضوء، الصدى، درجة الصوت، شدة الصوت)

- ظاهرة انعكاس الصوت بعد اصطدامه في حاجز   ----------------

- ظاهرة ارتداد الضوء عن سطح مصقول   -------------------

- عدد الاهتزازات التي يتمها الجسم في الثانية الواحدة   --------------

- تحلل الضوء إلى عدة ألوان في المنشور الزجاجي   ---------------

- الخاصية التي تميز بها الأذن بين الصوت القوي والصوت الضعيف   ------

- **الفقرات الإنشائية محددة الإجابة:**

في هذا النوع من الأسئلة يطلب من الطالب الإجابة عن السؤال بشكل نقاط محددة.

مثاله:

– ما أسباب الحرب العالمية الأولى ؟

– أذكر مكونات الجهاز العصبي المركزي ؟

– عدد ثلاثة من أسباب تلوث المياه ؟

– أكتب نص قانون أوم بالكلمات ؟

– أكتب الصيغة الكيميائية للمعادن التالية:

المعدن	الصيغة الكيميائية للمعدن
الكوارتز	
الهاليت	
النحاس	
الغالينا	
الفضة	

– أذكر اسم كل مركب من المركبات التالية:

MnO_2........................

CO :........................

$Al2O3$:........................

ZnO :........................

$NaOH$:........................

– أكمل المعادلات التالية، وزنها:

$Ca+O2 \longrightarrow$

$Mg+HCl \longrightarrow$

$SO_2+H2O \longrightarrow$

● حل المسائل الحسابية البسيطة:

مثاله:

– احسب سرعة جسم يقطع 100م في خمس ثوان ؟

– جد محصلة القوتين مقداراً واتجاهاً للشكل التالي:

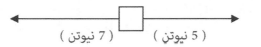

(5 نيوتن)   (7 نيوتن)

● تحديد الأجزاء لشكل معين:

مثاله:

يوضح الشكل التالي نسيج طلائي عمادي بسيط، أذكر الأجزاء المشار إليها.

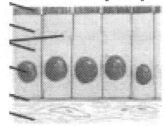

ثانياً – الفقرات ذات الإجابة المنتقاة:

ويمتاز هذا النوع من الفقرات بالموضوعية ويقصد بذلك عدم تأثر نتيجة اختبار الطالب بذاتية المصحح أو بالعوامل الشخصية المؤثرة فيه فلا يعطى الطالب درجة لا يستحقها لأي عامل مؤثر،بل لابد وأن يحتكم المصحح أثناء التصحيح إلى معايير ثابتة ودقيقة وواضحة حتى يأخذ الطالب ما يستحقه في الامتحان دون زيادة أو نقصان.

الأسس العامة التي ينبغي مراعاتها عند وضع اختبارات الفقرات ذات الإجابة المنتقاة:

1.أن يحدد الهدف من أسئلة الاختبار الموضوعي بدقة.

2.أن تصاغ أسئلة الاختبار الموضوعي بلغة واضحة، وبلغة عربية فصحى.

3.أن يراعى التوازن في قياس الأهداف التربوية،فلا يطغى قياس هدف على هدف آخر.

4. أن لا يكون السؤال منقولا نصا من المقرر المدرسي، وأن لا يحمل في ثناياه إجابة سؤال آخر.

5. أن لا يحتمل السؤال أكثر من إجابة واحدة، وأن لا تتوقف إجابة سؤال على إجابة آخر فلا بـد من مراعاة استقلالية الأسئلة.

6. أن تكون الأسئلة كثيرة ومتعددة لتشمل جميع مفردات المنهج.

7. أن تكون الأسئلة متنوعة من حيث سهولتها ودرجة صعوبتها حتى يمكن تحديـد مسـتوى كـل طالب على حدة .

8. أن تكون الإجابات غير الصحيحة معقولة ومقبولة ظاهريا.

9. أن تحتوي خيارات الإجابة على السؤال إجابة واحدة صحيحة فقط حتى لا يزداد تأثير التخمين.

10. أن تتجنب الفقرات المنفية وخاصة ازدواج النفي لأنها غالبا يساء فهمها،وإن كان ولابد مـن استعمال النفي فضع خطا تحته لاسترعاء الانتباه.

11. أن تتجنب الكلمات التي تنبه الطالب إلى أن يعتبر الفقرة خطأ أو صوابا، مثل (دائما-غالبا-كل-أبدا-فقط-لاشيء)

12. أن تصاغ الأسئلة مرتبة من السهل إلى الصعب قدر الإمكان.

13. أن تجمع الأسئلة الخاصة بكل موضوع مع بعضها البعض.

14. أن تجمع الأسئلة التي في صـورة واحدة مـع بعضـها البـعض، كأسـئلة الصـواب والخطـأ – الاختيار من متعدد...وهكذا.

وتقسم اختبارات الفقرات ذات الإجابة المنتقاة إلى الأنواع الآتية:

1- اختبارات المزاوجة (المطابقة):

اختبار المزاوجة (وهو ما يسمى أحيانا بالربط أو المقابلة أو المطابقة).

وتستعمل اختبارات المزاوجة لبيان العلاقات بين الحقائق والأفكـار والمبادئ. وهـذه الاختبـارات كثيرة الشيوع في المدارس الأساسية، ويتألف من قائمتين يطلب من الطالب أن يوفق بينهما بالطريقـة التـي تبينها التعليمات.

كما يمكننا أن نحول سؤال المزاوجة إلى سؤال مصور، بحيث تكون في أحد العمودين صور معينة أو أدوات مثلاً، وفي العمود الثاني أسماؤها مرقمة. وما على الطالب إلا أن يضع بجانبها أو بين الأقواس رقم الشيء أو الجزء.

شروط صياغة أسئلة المزاوجة:

(1) يجب أن تكون تعليمات السؤال واضحة – خاصة لطالب المدرسة الأساسية – بحيث يستطيع فهم المطلوب منه.

(2) يجب أن يكوّن من عمودين يحتوي كل منهما على قائمة من الكلمات أو العبارات.

(3) يطلب من الطالب أن يربط بين العناصر أو الكلمات من العمود الأول بالعناصر من العمود الثاني.

(4) يجب أن يكون السؤال بكامله على صفحة واحدة، حتى لا يسبب الإرباك للطالب.

(5) يجب أن تكون عناصر العمود الثاني أكثر من عناصر العمود الأول.

(6) أن لا ترتبط أي عبارة من عبارات العمود الأول بأكثر من عنصر من عناصر العمود الثاني.

(7) أن لا تساعد الصياغة اللغوية في التعرف على الإجابة الصحيحة.

(8) يستحسن إذا اشتمل أحد العمودين على أسماء أن ترتب هجائيا.

إذا كان هناك تواريخ أو أرقام فيحسن تسلسلها حسب تسلسل معين توفيراً لجهد الطالب في البحث عن الإجابة الصحيحة.

أمثلة:

- صل بخط بين كلمات العمود الأول بما يتفق معها في العمود الثاني:

العمود الأول	العمود الثاني
1- خلايا الدم الحمراء	أ- تحمي الجسم من الأجسام الغريبة التي تسبب المرض
2- خلايا الدم البيضاء	ب- لها علاقة بتخثر الدم
3- الصفائح الدموية	ج- تحتوي على صبغة الهيموغلوبين
4- النسيج العضلي القلبي	د- ألياف عضلية إرادية الحركة
5- النسيج العضلي الهيكلي	هـ- ألياف عضلية لا إرادية الحركة

- صل بخط بين كلمات العمود الأول بما يتفق معها في العمود الثاني:

العمود الأول	العمود الثاني
1- السيزموميتر	أ- المخطط الزلزالي
2- السيزموغراف	ب- مقياس يستخدم لقياس شدة الزلزال
3- السيزموغرام	ج- مقياس يستخدم لقياس قوة الزلزال
4- ميركالي	د- جهاز اللاقط في محطة رصد الزلزال
5- ريختر	هـ- جهاز المستقبل في محطة رصد الزلزال

- صل بخط بين كلمات العمود الأول بما يتفق معها في العمود الثاني:

العمود الأول	العمود الثاني
1- نيوتن	أ- المسافة التي يقعطها الجسم في وحدة الزمن
2- الكيلوغرام	ب- التغير في سرعة الجسم في وحدة الزمن
3- الوزن	ج- وحدة قياس الكتلة
4- السرعة	د- وحدة قياس الوزن أو القوة
5- التسارع	هـ- مقدار ثابت يساوي (10م/ ث2)
6- تسارع السقوط الحر	و- قوة جذب الأرض للجسم

- **صل بخط بين كلمات العمود الأول بما يتفق معها في العمود الثاني:**

العمود الأول	العمود الثاني
مخ	**يحتوي مراكز لأفعال منعكسة مثل حركة العين**
مخيخ	**ينظم التنفس**
دماغ متوسط	**يعد مركز العمليات العقلية العليا كالذكاء**
قنطرة	**رد الفعل المنعكس**
نخاع مستطيل	**ينظم بعض الأفعال المنعكسة مثل نبض القلب**
حبل شوكي	**يساهم في اتزان الجسم بتنسيق التقلصات العضلية**

2- الاختيار من متعدد:

يتكون اختبار الاختيار من متعدد من قسمين رئيسيين هما:

- متن السؤال.
- قائمة الإجابات أو البدائل المقترحة.

وتتم صياغة متن السؤال على شكل عبارة غير كاملة أو سؤال غير مباشر، وعلى الطالب أن يختار الإجابة الصحيحة من بين قائمة الإجابات المطروحة.

- استعمالاته:

يمكن استعمال هذا النوع من الاختبارات الموضوعية، لتقويم أي هدف تربوي وقياس المعلومات والمفردات، والحقائق المجردة، وعلاقات السبب والنتيجة، والفهم، وحل المشكلات، وتفسير البيانات، وتطبيق المبادئ أو النظريات.

- <u>شروط كتابة أسئلة الاختيار من متعدد:</u>

يمكن تجنب تصميم أسئلة ضعيفة بمراعاة القواعد التالية:

- يجب تحديد الأهداف التي نود قياس مدى تحققها، بحيث لا يقيس السؤال الواحد أكثر من مدى تحقق هدف واحد.
- يجب أن يكون هناك جواب واحد صحيح فقط.
- أجعل أجوبة السؤال متجانسة.
- يجب وضع علامة السؤال.

أمثلة:

ضع دائرة حول رمز الإجابة الصحيحة:

1 - تقاس القوة الدافعة الكهربائية بوحدة:

أ) الأمبير ب) الأوم ج) الفولت د) الكولوم

2- البطاريات التي يمكن اعادة شحنها عند نفاذ طاقتها هي الأعمدة:

أ) الجافة ب) البسيطة ج) الأولية د) الثانوية

3- سيارة تسير بسرعة 10م/ث ازدادت سرعتها حتى أصبحت 30م/ث خلال أربع ثوان، فان تسارع السيارة بوحدة (م/ث^2):

أ) 2 ب) +5 ج) -5 د) 10

4- عدد الصفائح الرئيسية في الغلاف الأرضي الصخري:

أ) 3 ب) 5 ج) 7 د) 9

5- موجة ترددها 15هيرتز وسرعتها 600م/ث، فان طولها الموجي بوحدة المتر يساوي:

أ) 30 ب) 40 ج) 1200 د) 9000

6 - تعادل قساوة الكوارتز:

أ) 4 ب) 5 ج) 6 د) 7

7- الصفة المميزة لمعدن الملاكيت، هي:

أ) القساوة ب) اللون الطبيعي ج) البريق الفلزي د) الحُكَاكَة

8- المعدن الذي يُظهر خصيصة مغناطيسية، هو:

أ) الكالسيت ب) الملاكيت ج) الماغنتيت د) الكوارتز

9- تُعَدُّ جذور النبات من عوامل:

أ) التجوية الفيزيائية ب) التجوية الكيميائية ج) التعرية د) الترسيب

10- تتشكل الكهوف بفعل:

أ) عمليات الأكسدة ب) الإذابة ج) التميؤ د) جذور النبات

11- الصخر غير المتورق الذي ينتج من تحول الحجر الجيري، هو:

أ) الشيست ب) الكوارتزيت ج) الرخام د) النايس

12- إحدى الصخور الآتية ليست صخراً رسوبياً كيميائياً:
أ) الهاليت ب) الجبس ج) الحجر الرملي د) الحجر الجيري
13- إحدى العمليات الآتية تؤدي إلى تحول الراسب لصخر رسوبي:
أ) السمنتة ب) التجوية ج) التعرية د) الترسيب
14- يُعد أحد الآتية أولى خطوات المنهجية العلمية:
أ) الفرضية ب) المشكلة ج) النتيجة د) التجربة
15- يُعد أحد الآتية من مظاهر الحياة المشتركة لدى الكائنات الحية جميعها:
أ) النمو ب) الإبصار ج) النوم د) التفكير
16- أحد الآتية يمثل نوع الأشعة المستخدمة في المجهر الإلكتروني:
أ) الضوء العادي ب) الأشعة السينية
ج) الإلكترونات د) البروتونات
17- الجزء المسؤول عن بناء البروتين داخل النواة هو:
أ) سائل نووي ب) نوية ج) DNA د) ثقب نووي
18- أحد أنواع العضيات الآتية تحدث فيه عملية البناء الضوئي:
أ) الأجسام الحالة ب) البلاستيدات الخضراء
ج- الرايبوسومات د) أجسام غولجي
19- المصدر المباشر للطاقة الناتجة من عملية التنفس الخلوي هو:
أ) المركبات العضوية ب) الطاقة الشمسية
ج) روابط الماء د) الميتوكندريا
20- يربط الأنسجة ويدعم الجسم أحد الأنسجة الآتية :
أ) طلائي ب) عضلي ج) عصبي د) ضام
21- يتكون معظم الدماغ من أحد الأنسجة الاتية :
أ) طلائي ب) عضلي ج) عصبي د) ضام
22- يصنف البراميسيوم في مملكة:
أ) البدائيات ب) الطلائعيات ج) الفطريات د) الحيوانات

23- يصنف أحد الكائنات الحية التالية من الطيور:

أ) الدجاج ب) الفراش ج) النحل د) الخفاش

24- العضو المسؤول عن امتصاص الغذاء في الجهاز الهضمي للأرنب هو:

أ) الفم ب) الأمعاء الدقيقة ج) الأمعاء الغليظة د) المعدة

25- الغاز الذي يوجد في المشروبات الغازية هو:

أ) H2 ب) O2 ج) CO2 د) SO2

26- رقم التأكسد الكبريت في الحمض (H_2SO_4) يساوي:

أ) I ب) Π ج) v I د) I v

ومن أمثلته:

- اختر الإجابات الصحيحة من بين الأقواس وضع تحتها خطا:

1. من أركان الإسلام الخمسة:

(الإيمان بالله - الإيمان بالملائكة - الإخلاص - الزكاة - الصدقة)

2. حكم الغيبة:

(سنة -مكروه -واجب - محرم -مباح)

3. توفي رسول اللـه صلى اللـه عليه وسلم وعمره:

(63 -60 -65 -70 -55).

3- اختبارات الصواب والخطأ:

الشكل العام أو الشائع لهذا النوع من الأسئلة يتألف من جملة واحدة. ويطلب من الطالب عادة أن يبين إذا كانت الجملة صحيحة أو خاطئة بوضع إشارة (✓) لتدل على الصواب أو إشارة (✗) لتدل على الخطأ، أو كلمة (نعم) لتدل على الصواب وكلمة (لا) لتدل على الخطأ.

مميزاتها:

- سهولة كتابتها.

- تغطيتها للمقرر الدراسي تغطية شاملة بوضع أسئلة كثيرة لمختلف أجزاء المادة.

عيوبها:
- قياسها للحقائق والمبادئ دون غيرها من الأهداف التربوية.
- تشجع الحفظ والاستظهار.
- سهوله الإجابة عليها بالصدفة أو التخمين.

مثاله:

ضع علامة (✔) أمام العبارة الصحيحة وعلامة (x) أمام العبارة الخاطئة فيما يلي:

1. الإيمان بالقدر من أركان الإيمان   (   ).
2. إن لو الدالة على عدم الرضا لا تنافي كمال التوحيد   (   ).
3. حق الله على العباد أن يعبدوه ولا يشركوا به شيئا   (   ).
4. الصلاة مع الجماعة في المساجد سنة   (   ).
5. أهل السنة والجماعة يثبتون الأسماء والصفات الواردة في القرآن والسنة (   ).

4- أسئلة الترتيب.

شروطها:

1. أن يعطي الطالب في هذا الاختبار مجموعة من الكلمات أو التواريخ غير مرتبـة.
2. يطلب من الطالب إعادة ترتيبها حسب أقدميتها أو صحتها أو غير ذلك من المعايير.
3. يجب أن تكون واضحة لا يعتريها غموض.
4. أن لا يكون من بينها احتمال المساواة.
5. أن لا يكون من بينها أفضلية، بحيث لو قدم أي منها استقامت العبارات إلا أنها مفضولة.
6. أن تكوّن بعد ترتيبها عبارة متكاملة مفهومة للطلاب.

مثاله:

فيما يلي خطوات الوضوء الصحيحة. والمطلوب منك ترتيبها ترتيبا يتفق مع تسلسل حدوثها وذلك بوضع رقم مسلسل أمام كل خطوة.

( ) – مسح الأذنين.

( ) – غسل الرجلين مع الكعبين.

( ) – التسمية

( ) – غسل الوجه ثلاثا.

( ) – غسل الكفين ثلاثا.

( ) – مسح الرأس.

( ) – غسل اليدين إلى المرفقين.

( ) – الاستنشاق والاستنثار ثلاثا.

( ) – المضمضة ثلاثا.

4 ـ وسائل أخرى لقويم التحصيل المدرسي: ومنها:

1 – الواجبات المنزلية: وبواسطتها نعرف مدى حرص كل طالب على تنفيذها وتسليمها في موعدها المحدد، وقدرته على حل المسائل التي تعطى له في هذه الواجبات.

2 – – أوراق العمل: التي يتم تنفيذها داخل الفصل، وبواسطتها نقيس مدى استجابة الطلاب للمعلمين، وتنفيذهم التعليمات التي تعطى لهم.

3 – المناقشات الحرة: وهي المناقشات التي تدور داخل الفصل بين الطلاب بعضهم البعض وتحت إشراف المعلم، أو بينهم وبين المعلم، وتساعد المعلم على تكوين فكرة معينة عن الكثير من الطلاب من خلال أسلوبهم في النقاش والحوار، مما يعطيه مجالاً واسعاً لتقويم قدرات الطلاب المختلفة.

5 – وظيفة الأسئلة:

تلعب الأسئلة بمختلف أنواعها دوراً كبيراً في عملية التقويم والقياس الخاص بالتحصيل المدرسي. كون الأسئلة تستخدم في التعليم الصفي لأغراض مختلفة. منها

على سبيل المثال: قياس مدى استعداد الطلاب للتعلم، أو لمعرفة معلوماتهم السابقة، ومدى تذكرهم وفهمهم لما درسوه.

وتستخدم كذلك لإدارة الأنشطة في الفصل، أو لإعطاء توجيهات للطلاب وتصحيح سلوكهم. كما أنها توظف لأمور أخرى عديدة، مثل: تعويد الطلاب على التفكير السليم والناقد.

– أنواع الأسئلة:

بسبب تعدد أهداف الأسئلة فقد تعددت أنواعها، بحيث أصبح كل نوع منها يقيس مستوى معيناً من مستويات التفكير. لذلك فإن صياغتها تحتاج إلى مهارة المعلمين وبراعتهم، حتى تؤدي أهدافها التعليمية والتربوية، وتشمل في الوقت ذاته مستويات التفكير المختلفة. ومن أنواع الأسئلة:

أ – أسئلة التذكر للمعلومات:

عدد خصائص..................

اذكر العوامل..................

اذكر الفوائد (المعلومات من الدرس).

ب – أسئلة الفهم:

مثل: صف موقفاً شاهدته –

تكلم عن قضية سمعتها (تدور حول الدرس).

ج – أسئلة التطبيق:

أعرب الجملة التالية..................

حل المسألة التالية..................

تتبع مسار انتقال الدم من البطين الأيمن إلى الأذين الأيسر ؟

ارسم مثلثاً قائم الزاوية.

د – أسئلة التركيب:

ماذا يحدث لو زادت الأمطار على المناطق الجبلية ؟

حل المشكلات التالية.

هـ - أسئلة التحليل:

علل ما يأتي.................

لماذا يجب التنفس من الأنف ؟

لماذا يجب فتح نوافذ الفصل ؟

فسر ما يلي :

- يُعد الجهاز الليفي جزءاً من الجهاز المناعي للجسم.
- احتواء جسم الإنسان على آلاف البروتينات المختلفة .
- الكائنات الحية في التيجا أكثر منها في التندرا.
- صخر الغرانيت لا يسمح بخزن الماء .
- الكواكب الأرضية متقاربة، أما الشبيهة بالمشتري فمتباعدة.

- و - أسئلة التقويم:

ما موقفك من طفل يعذب عصفوراً ؟

ما رأيك في... ؟

أيهما أفضل في رأيك... ؟

أي شيء أجمل من...؟.

وهذه الأسئلة تسمى أسئلة عمليات التفكير العليا، حيث إنها تدعو الطالب إلى إعمال فكره، وتشغيل قدراته العقلية، فهو يحفظ ويطبق ثم يحلل المعلومات ويركبها، ثم يصدر حكمه على الأشياء، ويقوِّم المواقف ويتذوق... وهكذا.

وهناك أنواع أخرى من الأسئلة، منها:

1 - أسئلة التفكير المتمايز:

وهي أسئلة توضح مدى إدراك الطلاب للعلاقات، وتظهر مستويات تفكيرهم، فالمعلم قد يطرح سؤالاً. مثل: ماذا يستفيد الطلاب من تشكيل النص؟ فتكون إجابات الطلاب مختلفة (متمايزة) وفقاً لتفكير كل طالب، منهم من يذكر فائدة التشكيل للنطق السليم، ومنهم يذكر فائدته في التفريق بين الاسم والفعل، وآخر لمعرفة موقع كل كلمة ووظيفتها النحوية... الخ.

2 – الأسئلة السابرة:

وهي التي تسبر أغوار الطلاب (اكتشاف ما في نفوسهم).

مثل: ماذا تحب أن تكون ؟

لماذا تذهب إلى المدرسة ؟

أي المواد تحبها أكثر من غيرها ؟

3 – أسئلة الطلاقة الارتباطية:

وهي الأسئلة السريعة، التي توضع لمعالجة مواقف معينة. وتكون إجاباتها سريعة ومرتبطة بالموقف، فقد يسمع المعلم وطلابه ، صوتاً مدوياً خارج الصف، فوراً يقول المعلم: ما هذا ؟ طالب – انفجار غاز – يا أستاذ. طالب آخر: لا الظاهر أنه إطار سيارة. آخر: ربما سقط أحد المنازل... وكل هذه الإجابات المختلفة – دون مشاهدة الموقف – ربما تكون غير صحيحة، ولكنها تكشف للمعلم إحساس طلابه، والمواقف المؤثرة في حياتهم.

وأخيراً لكي تكون الأسئلة مؤثرة، وموحية، ومحققة لأهدافها التربوية سواء كانت تحريرية أو شفوية، يجب على المعلم عند صياغتها مراعاة الأمور التالية:

1 – وضوح صياغتها وخلوها من الغموض حتى يتمكن الطالب من الإجابة عليها بكل دقة.

2 – أن تراعي أعمار ومستويات الطلاب العقلية والمعرفية.

3 – يفضل بالنسبة لطلاب المرحلة الأساسية، تجنب الأسئلة المركبة التي تحتوي على إجابتين فأكثر.

مثل: متى يكون الفعل المضارع مرفوعاً ؟ ومتى يجزم ؟ ومتى ينصب ؟

4 – أن يتيح المعلم وقتاً كافياً للطلاب للتفكير في الأسئلة وإجاباتها، وعدم مقاطعة أي طالب أثناء إجابته، إلا إذا خرج عن موضوع السؤال، أو لم يتمكن من فهم السؤال بشكل جيد.

5- يجب توزيع الأسئلة داخل الفصل على جميع الطلاب، وإتاحة الفرصة للضعاف منهم للمشاركة في الإجابة عن الأسئلة المختلفة، وعدم الرفض الدائم للإجابة

الخاطئة من قبل بعض الطلاب. كي لا يتكون لديهم سلوك انسحابي من العملية التعليمية التعلمية، وعلى المعلم أن يساعد طلابه على اكتشاف أخطائهم وتصحيحها، وتشجيعهم على الاشتراك الفعلي في عملية التعلم، حتى تكون عملية التقويم متكاملة وشمولية.

ثالثاً: استراتيجية الملاحظة: observation

تعني الملاحظة عملية مشاهدة ومراقبة الطلاب عن طريق حواس المعلم أو الملاحظ، وتسجيل معلومات لاتخاذ قرار في مرحلة لاحقة من عملية التعليم والتعلم. وتوفر الملاحظة معلومات منظمة ومستمرة حول كيفية التعلم واتجاهات المتعلمين وسلوكا تهم واحتياجاتهم كمتعلمين وكذلك أدائهم. ولذلك يجب أن يكون للملاحظة معايير محددة ومجال واضح.

وتقسم الملاحظة إلى عدة أنواع منها:

1- الملاحظة التلقائية observation automatic:

تعرف الملاحظة التلقائية بشكل عام: ملاحظة المرء لظواهره النفسية الخاصة أي الملاحظة... المرئية، لمعارضة الآراء الجدلية التلقائية للمدرسة...وتشمل صور مبسطة من المشاهدة والمراقبة بحيث يقوم المعلم أو الملاحظ فيها بملاحظة سلوكا ت المتعلم الفطرية من خلال... التجربة المباشرة.. الملاحظة أثناء التعليم.

2- الملاحظة المنظمة observation Organization:

وهي الملاحظة المخطط لها مسبقاً والمضبوطة ضبطاً دقيقاً، ويحدد فيها ظروف الملاحظة كالزمان والمكان والمعايير الخاصة للملاحظة. وفيها يتم الإطلاع ودراسة الحالة النفسية والأفكار الفطرية للمتعلم ؛ للتنبؤ بتقدم المتعلم ونجاحه في مهنته في المستقبل.

وهذا النوع يكشف عن أداء المتعلم بشكل جيد عند التدريب بالأوضاع المحددة، كملاحظة معلم التربية الرياضية مهارات اللعب مع فريق " لكل لاعب منفرداً أثناء اللعب. لذلك يناقش المعلم مع الصف صفات "عضو الفريق "، مثل مساعدة زملاء الفريق، واستخدام الأدوات وإظهار الاحترام. ثم يقسم قائمة أسماء الطلاب إلى خمسة

أجزاء. ومن ثم – ولمدة خمس حصص صفية متتالية – يركز المعلم على تسجيل ملحوظاته على طلاب مجموعة من المجموعات الخمس، كل مجموعة في حصة.

وتتضمن الملاحظة سجلاً كتابياً يفترض أن يكون موضوعياً وواضحاً، ومن الممكن أن تشمل السلوك الملاحظ، والتغير عبر الوقت، وأداء الطالب بالاستناد إلى معايير متفق عليها والتقدم أو النمو عند الطالب.

من الممكن كذلك تدوين الملاحظة في قائمة رصد، أو سلالم التقدير اللفظية أو سلالم التقدير العددية، أو في الدفاتر الجانبية (اليومية).

- دور المعلم في استخدام الملاحظة وتطويرها

- التحديد المسبق لما سيتم ملاحظته من مفاهيم مفتاحيه وممارسات ونتاجات.

- اعتماد معايير لاستخدامها خلال المشاهدة، إما عن طريق تطوير معايير مع الصف أو إبلاغ الصف عنها بوضوح.

- مراقبة الطلاب أثناء الاستجابة للأسئلة واستكمال المهام المطلوبة منهم.

- ملاحظة الخصائص اللفظية وغير اللفظية للطلاب، مثل الاهتمامات والقدرات أو الاستعدادات.

- تسجيل الملحوظات باستخدام قائمة رصد وسلالم تقدير، أو أي وسيلة تسجيل أخرى.

- التزويد بالتغذية الراجعة، تدوين نقاط الضعف ونقاط القوة والخطوات اللاحقة في التعلم. وتحديد الخطوات القادمة لتحسين أداء كل طالب وتطويره.

رابعاً: إستراتيجية التواصل Communication

يُعّد التواصل بمفهومه العام نشاطاً تفاعلياً يقوم على إرسال واستقبال الأفكار والمعلومات باستخدام اللغة، ويمكن إجراؤه إلكترونياً.

ومن الأمثلة على إستراتيجية التواصل:

1- المؤتمر Conference:

وهو لقاء مبرمج يعقد بين الطالب ومعلمه لتقويم التقدم المستقل للطالب في مشروع معين. ويكون التركيز على مدى التقدم إلى تاريخ معين ومن ثم تحديد الخطوات اللاحقة.

ويستخدم المؤتمر غالباً كتقويم تكويني يأخذ مجراه أثناء عمل الطالب في مشروع أو أداء، مثل الخطابة أو المقابلة أو أي عمل كتابي آخر.

2- المقابلة Interview:

لقاء بين الطالب ومعلمه محدد مسبقاً يمنح المعلم فرصة الحصول على معلومات تتعلق بأفكار الطالب واتجاهاته نحو موضوع معين، وتتضمن سلسة من الأسئلة المعدة مسبقاً.

3- الأسئلة والأجوبة Answer Question &:

أسئلة مباشرة من المعلم إلى المتعلم لرصد مدى تقدمه، وجمع معلومات عن طبيعة تفكيره، وأسلوبه في حل المشكلات، وتختلف عن المقابلة في أن هذه الأسئلة وليدة اللحظة والموقف وليست بحاجة على إعداد مسبق. (وزارة التربية والتعليم / الأردن - الفريق الوطني للتقويم 2004).

إن هذه الاستراتيجية مفيدة للطلاب أثناء عملهم على مشاريع كبيرة أو في الدراسات المستقلة. ومن الممكن أن تستخدم اللقاءات في التقويم النهائي عندما يكتمل المشروع.

وهذه الاستراتيجية عملية تعاونية، بمعنى أن الطالب يتعلم من المعلم، وكذلك فإن المعلم يتعلم طبيعة تفكير الطالب وأسلوبه في حل المشكلات.

أمثلة:

يعين المعلم موضوعا للكتابة، كالمقالة مثلاً ؛ ومن ثم يناقش مع الصف قائمة معايير لهذه المقالة. ومن الممكن أن يعدّ لهذا الغرض سلالم تقدير لفظي تبين الهيئة التي يمكن أن تظهر عليها المقالة عند مستويات الأداء المختلفة.

مثلاً: قد يكون هيكل أو تنظيم المقالة على النحو الآتي:

المستوى الأول : واضح إلى حد ما.

المستوى الثاني: واضح على الأغلب.

المستوى الثالث: واضح جداً.

ثم يعين المعلم التواريخ التي يجب إكمال المسودة عندها، وعندما يكمل الطالب المسودة الأولى، يحدد لقاء مع المعلم لمراجعة التقدم الذي تم حتى تاريخه، ولتحديد الخطوات اللاحقة لتحرير المقالة وتطويرها. ويمكن أن يقترح المعلم مصادر أوسع ليستخدمها الطالب، ويتأكد من أن الطلاب جميعاً قد عقدوا لقاء في التاريخ المحدد.

دور المعلم في تطوير التواصل واستخدامه

● تحديد المهمة والاتفاق على مواعيد لرصد التقدم وعقد مؤتمرات.

● إعداد أسئلة لتوجيه الطلاب لفهم وجهة نظرهم، واقتراح الخطوات اللاحقة.

● إدارة لقاء لفهم وجهة نظر الطالب ومبرراته.

● إعطاء درس للطالب في المجال الذي يواجه فيه صعوبة إذا كان ذلك ضرورياً.

● متابعة تقدم الطلبة والتأكد من أن لديهم الفرصة لعقد مقابلة أو لقاء مع أقرانهم.

خامساً: إستراتيجية مراجعة الذات Reflection Assessment Strategy

تعتبر إستراتيجية مراجعة الذات مفتاحاً هاماً لإظهار مدى النمو المعرفي للمتعلم، وهي مكون أساسي للتعلم الذاتي الفعال، والتعلم المستمر، وتساعد المتعلمين في تشخيص نقاط قوتهم وتحديد حاجتهم وتقييم اتجاهاتهم.

وتشمل مراجعة الذات: ملف الطالب، يوميات الطالب، وتقويم الذات.

1- ملف الطالب (Student Portfolio)

يعدُّ ملف الطالب أداة مساعدة للطلبة لتقويم تعلمهم ذاتياً، وهو عبارة عن جمع نماذج من أعمال الطلبة التي تم انتقاؤها بعناية لتظهر مدى التقدم عبر الوقت. ولذلك يجب مشاركة الطلبة في انتقاء النماذج المراد حفظها في الملف، لأن ذلك يفيد الطلبة في تقويم كل نموذج أو عمل، وتقرير سبب رفض النموذج، أو إدخاله في الملف.

ويقدم ملف الطالب دليلاً واضحاً على تقدمه عبر الوقت. ويظهر نقاط ضعفه ونقاط قوته. ويستطيع الطالب والمعلم وولي الأمر مراجعة الملف مع الطالب ومناقشة الخطوات اللاحقة. وبهذه الطريقة فإن الطلبة يصبحون أكثر مسؤولية عن تعلمهم ويستطيعون مشاهدة نجاحهم عبر الزمن.

مثال: اللغة العربية:

في درس من دروس اللغة يتحدث المعلم للصف عن جَمْع أعمالهم عبر الزمن. حيث يكتب الطلاب نصوصاً كثيرة ويجمعونها في الملف، ثم يناقشون عدد النماذج التي يجب الاحتفاظ بها في الملف، فمثلاً، يحددّون نموذجاً كل أسبوعين. ويؤرخ الطلبة أعمالهم ثم يختارون نصوصاً من الكتابة لحفظها في الملف. بعد ذلك يبرمج المعلم لقاءات مع الطلاب لرؤية مدى تقدمهم واقتراح الخطوات اللاحقة. وبعد عدة شهور يُطْلع الطلاب آباءهم على أعمالهم لإظهار مدى تقدمهم.

ما أهداف ملف تقويم الطالب ؟

إن ملف تقويم الطالب يرمي إلى التأكد من تحقق أهداف العملية التعليمية التعلمية، وذلك عن طريق:

1) تنظيم أساليب تقويم التحصيل الدراسي وإجراءاته في مراحل التعليم العام وما في مستواها.
2) تحديد مستوى تحصيل الطالب، والتعرف على مدى تقدمه نحو تحقيق الغايات والأهداف التي نصت عليها سياسة التعليم في المملكة.
3) إمداد الطالب والقائمين على العملية التعليمية بالمعلومات اللازمة من أجل تحسين مستوى التعلم ورفع كفاية المناهج وأساليب التدريس.
4) تطوير عمليات التقويم وإجراءاته والمراجعة المستمرة لها وفق الأسس العلمية.
5) الإسهام في الحدّ من مشكلات الرسوب وما يترتب عليه.

2-يوميات الطالب (Response journal):

يمكن استخدامها لمباحث عدة، حيث يكتب الطلبة خواطرهم حول ما يقرؤونه ويشاهدونه. فيسجلون أفكارهم وملحوظاتهم وتفسيراتهم الذاتية. فهي تشجع / تحفز

أفكارا إبداعية منبثقة عن مستوى فكري عـال. ويوميـات الطالـب ذات طبيعـة شخصية، ولهـا خصوصية مهمة.

دور المعلم:

➢ مناقشة طرق تنظيم ملف الطالب أو اليوميات.

➢ تشجيع الطلاب على الأخذ بعين الاعتبار، الهدف من الملف ومن سيطلع عليه.

➢ تطوير معايير لتقويم ملف الطالب بمشاركة الطلبة.

➢ إعطاء تغذية راجعة للطلبة مبنية على الأعمال الموجودة في ملف الطالب.

➢ برمجة لقاءات مع الطلاب والآباء لمراجعة ملف الطالب لتحديد نقاط القوة ونقاط الضعف، والخطوات اللاحقة في التعلم.

3-تقويم الذات:

قدرة المتعلم على الملاحظة، والتحليل والحكم على أدائه بالاعتماد على معايير واضحة ثم وضع الخطط لتحسين وتطوير الأداء بالتعاون المتبادل بين المتعلم والمعلم.

الفرق بين تقويم الذات ومراجعة الذات:

مراجعة الذات تهدف على فهم الأداء، بينما يهدف تقويم الذات على الحكم على الأداء.

استراتيجيات التسجيل (أدوات التقويم)

Recording Strategies

أولاً: قائمة الرصد / الشطب Check List

قائمة الرصد عبارة عن قائمة الأفعال التي يرصدها الطالب أو المعلم أثناء التنفيذ، أو قائمة من الخصائص التي يرصدها الطالب أو المعلم أثناء ملاحظتها. ويستجاب على فقراتها باختيار إحدى الكلمتين من الأزواج التالية:

صح أو خطأ

نعم أو لا

موافق أو غير موافق

مرضٍ أو غير مرضٍ

غالباً أو نادراً

مناسب أو غير مناسب......وهكذا

إن المعلم أو الطلبة يعدّون قائمة الرصد مع التنويه إلى مؤشرات نجاح الطالب. من الممكن أن تكون القائمة مجموعة من الخطوات التي يجب أن يتبعها الطلاب لإكمال تعيين أو مشروع. ومن الممكن أن تكون قائمة الرصد مجموعة من المهارات أو المفاهيم أو الممارسات أو الاتجاهات.

إن قائمة الرصد مفيدة وسريعة عندما يكون هنالك عدد من المعايير المهمة. وهي وسيلة فعالة للحصول على معلومات في صيغة مختصرة. تستطيع أن تساعد الطالب والمعلم على تحديد مواطن القوة والضعف عند الطالب بسرعة، والخطوات اللاحقة في التعلم.

دور المعلم في تطوير قائمة الرصد واستخدامها

➤ تحديد المعايير التي سيتم تقويم الطالب بناءً عليها.

➤ توجيه الطلاب إلى رصد السلوك، أو المهارة، أو العنصر ـ عندما يكون موجوداً، أو في حال تنفيذه.

(ملاحظة: لا يتم تقويم نوعية العمل في هذه المرحلة).

ثانياً: سلّم التقدير Rating Scale

سلّم التقدير هو أداة بسيطة لإظهار فيما إذا كانت مهارات الطالب متدنية أم مرتفعة. فهي تظهر الدرجة التي يمكن عندها ملاحظة المهارات والمفاهيم والمعلومات والسلوكات. ويستخدم سلم التقدير للحكم على مستوى جودة الأداء. وغالباً ما يجد المعلم أن سلم التقدير ذا النقاط الثلاث، قد يكون فاعلاً للمتعلم مثله مثل سلم التقدير ذي الخمس أو العشر نقاط. من المهم تذكر النقاط الآتية:

- يجب أن يكون الطلبة مشاركين في مساعدة المعلم على وضع المعايير.

- يجب أن يظهر سلم التقدير مدى تطور المفاهيم والمهارات.

مثـال

يطلب من الطالب أن يصمم مشروعاً لعمل ما. يجب أن يقوم الطالب بعمل خطة يدرج فيها المصادر التي يحتاجها، ويحدد كلفة المواد، ويأخذ إذن المعلم قبل البدء. وفي العينة أدناه يقوم المعلم بتقدير الطلبة حسب النقاط التي تم ذكرها.

عناصر الأداء	مقبول	جيد	متقدم (جيد جداً)
جودة التصميم للمشروع.			
دقة الحسابات لتكلفة المواد			
مدى فائدة العمل وإمكانية استخدامه.			
ملحوظات المعلم			

دور المعلم في تطوير سلّم التقدير واستخدامه

- تطوير المعايير مع الطلبة لإظهار مؤشرات النمو على سلم التقدير.

- اتخاذ قرار حول عمل الطالب بالاعتماد على سلم التقدير.

- تشجيع الطلبة على تقويم أعمالهم باستخدام سلم التقدير.

تقييم الطالب بوضع إشارة (×) عند الأداء الذي حققه الطالب على سلم التقدير، وتوفير تغذية راجعة على شكل تعليقات، أو تحديد الخطوات التالية للتحسن.

ثالثاً: سلّم التقدير اللفظي Rubric

سلم التقدير اللفظي هو سلسلة من الصفات المختصرة التي تبين أداء الطالب في مستويات مختلفة. إنه يشبه تماماً سلم التقدير الكتابي، لكنه في العادة أكثر تفصيلاً منه. مما يمكّن هذا السلم من أن يكون أكثر مساعدة للطالب في تحديد خطواته التالية في التحسن ويجب أن يوفر هذا السلم مؤشرات واضحة للعمل الجيد المطلوب.

قد يستخدم هذا السلم لتقويم خطوات العمل والمنتج، وبهذه الطريقة يمكن للسلم اللفظي أن يوفر تقويماً تكوينياً لأجل التغذية الراجعة، إضافة إلى التقويم الختامي لمهمة ما (يقدم عند نهاية الوحدة) مثل المقال والمشروع، ويعمل هذا السلم بطريقة أفضل عندما يترافق مع أمثلة لأعمال الطلبة على مختلف المستويات.

دور المعلم في تطوير سلم التقدير اللفظي واستخدامه

- تطوير المعايير لإظهار النمو على سلم التقدير بالعمل مع الطلبة، وهذا يعطي للطالب فرصة استيعاب معايير التقويم ويساعده في تصور كيف يبدو العمل الجيد
- تشجيع الطلبة على تقويم أعمالهم الخاصة، وتقويم أعمال زملائهم باستخدام منظومة المعايير.
- يُقوِّم عمل الطالب مرتكزاً على منظومة المعايير وإعطاء تغذية راجعة له.
- جمع العينات أو الأمثلة من الأعمال على مختلف المستويات لمنظومة المعايير، بهدف استخدامها في التدريس مستقبلا.

رابعاً: سجل وصف سير التعلُّم Log Learning

جُلّ وصف سير التعلم عبارة عن سجل يكتبه الطالب خلال فترة من الزمن أثناء قيامه بواجب محدد، أو خلال دراسته لمساق دراسي، ويتطلب من الطالب أن يكون عمله منظماً وأن يقوم بإدخال المعلومات في هذا السجل بانتظام، ليتسنى لكل من المعلم والطالب ملاحظة التقدم الحاصل.

يوفر هذا السجل للطالب إمكانية ممارسة القراءة والكتابة، وكذلك يمكن أن يستخدم لإظهار مدى تقدمه في التفكير في مبحثي الرياضيات والعلوم.

وفي مبحثي الرياضيات والعلوم يحدد الطلبة المشكلة التي يعملون على حلها ويسجلون محاولاتهم لحل هذه المشكلة.

ويتبادل الطلبة أفكارهم مع المعلم من خلال السجل، ويشاركون في الأسئلة حول موضوع ما، ويفكرون في الخطوات المقبلة في التعليم. ويُعدُّ هذه السجل أداة مفيدة تساعد المعلم والطالب عند عقد اللقاء بينهما لمناقشة التقدم الذي طرأ.

مثـــال في الرياضيات:

عيّن المعلم مجموعة من المسائل التي تتطلب خطوات عديدة للحل، وهناك طرق متعددة يستطيع الطلبة من خلالها حل المسألة. والمعلم يريد من الطلبة تجريب عدّة طرق لحل هذه المسألة ومقارنة هذه الطرق من حيث الفاعلية.

يطلب المعلم من الطلبة المواظبة على تسجيل الخطوات التي يتبعونها لحل كل مسألة، وفي نهاية كل يوم يسجل الطلبة المسألة والخطوات التي قاموا باستخدامها في الحلّ، وفيما إذا كانوا يشعرون بأنهم استخدموا أفضل طريقة أم لا ولماذا.

وأثناء انهماك الطلاب في العمل على حل المسائل، يلتقي المعلم مع ستة من الطلبة كل يوم، ويراجع معهم (الجزء الخاص بالرياضيات). ويطلب منهم شرح

أعمالهم. وبهذه الطريقة يستطيع المعلم أن يسمع ويرى طريقة تفكير طلابه. وبعد ذلك يقـوم المعلم بعمل اقتراحات لكل خطوة.

دور المعلم في تطوير سجل وصف سير التعلّم واستخدامه

- يقدم إطاراً للسجل. مثلاً: يحـدد المعلـم المتطلبـات الأساسـية لحجـم مـا سيكتب الطالـب والفترات الزمنية التي يتم التدوين فيها.

- يراجـع سجلات الطلبـة مـن خـلال اللقـاءات معهـم أو مـن خـلال جمع المعلومـات مـن السجلات بانتظام.

- يطلب من الطلبة تقويم أساليب عملهم ويوضح فيما إذا كانت هذه الأساليب فاعلة أم لا ولماذا.

- يوفر التغذية الراجعة والاقتراحات للخطوات المقبلة بانتظام.

خامساً: السجل القصصي Anecdotal record

إن السجل القصصي عبارة عن وصف قصير من المعلم ليسجل ما يفعلـه الطالـب والحالـة التـي تمت عندها الملاحظة. مثلاً، من الممكن أن يدون المعلم كيف عمل الطالب ضمن مجموعة. وعـادة يـدون المعلم أكثر الملحوظات أهمية. وهذا مفيد للمعلم عندما يكون عنده عدد كبير من الأحداث التي يجب أن يتذكرها ويكتب عنها تقارير.

من المفيد أن يكون للمعلم نظام لحفظ وقائع السجل القصصي، وطريقة ما لتتبع الطلاب الذين تمت ملاحظتهم، حتى لا يُترك أي طالب دون ملاحظة. ومـن الممكـن أن يعطـي السجـل القصصيـ صـورة ممتازة عن تقدم الطلاب.

إن هذه العملية تتطلب وقتاً طويلاً لكتابة السجل ومتابعته وتفسيره. كما يجب عـلى المعلـم أن تكون أحكامه موضوعية قدر الإمكان عندما يدّون في السجل القصصي. ويجـب أن يكـون المعلـم مسـتعداً للكتابة في أي وقت، لأن الطلاب يظهرون دلالات على النمو والتحول في لحظات غير متوقعة.

مـثال في
الرياضيات

تريد معلمة الرياضيات أن تحتفظ بسجـل منظم عـن محـاولات الطلبـة في "حل المشكلات ".
تفكر المعلمة ملياً في الموضوع وتقرر أنها ستقوّم المعايير الآتية:

- عمل أكثر من محاولة عند كل مهمة حسبما يقتضي الأمر.

- الإبداع واستخدام الأفكار الخلاقة.

- التأكد من دقة النتائج.

- استخدام استراتيجيات ناجحة.

وتخصص المعلمة صفحة في السجل القصصي لكل طالب، وتضع المعايير الأربعة كترويسات في
أعلى كل صفحة، وأثناء عمل الطلاب في وحدة حل المشكلات، تتأكد من أنها لاحظت الطلاب يعملون في
حل المشكلات، وتدون الاستراتيجيات التي يتبعونها ومثابرتهم ومحاولاتهم في تجريب أفكار جديدة. وفيما
بعد عندما تكتب تقارير للآباء عن سير أبنائهم يكون لديها ملحوظات تستطيع أن تعود إليها عندما تقترح
الخطوات اللاحقة في تعلم الطلاب لديها.

دور المعلم في تطوير السجل القصصي واستخدامه:

- إعداد طريقة للرصد عند إكمال السجلات (بما في ذلك عدد التكرارات، وعدد الطلاب).

- تحديد الملحوظات المهمة، أو ذات الدلالة للطالب.

- إنهاء السجل بأسرع ما يمكن بعد الملاحظة.

- تفسير المعلومات المسجلة للمساعدة في تخطيط الخطوات اللاحقة للطالب.

تقويم التعلم بالاستقصاء وحل المشكلات

يقصد بالاستقصاء أن يبحث الفرد معتمدا على نفسه للتوصل الي الحقيقـة أو المعرفـة، أمـا في
مجال عمليتي التعليم والتعلم فأن الاستقصاء هو نوع من أنواع

التعليم يستخدم المتعلم المستقصي مجموعة من المهارات والاتجاهات اللازمة لعمليات توليد الفرضيات وتنظيم المعلومات والبيانات وتقويمها، وإصدار قرار ما إزاء الفرضيات المقترحة التي صاغها المستقصي لإجابة عن سؤال أو التوصل الي حقيقة أو مشكلة ما ثم تطبيق ما تم التوصل إليه على أمثلة ومواقف جديدة. يطلق علي الطريقة الاستقصائية في التعليم والتعلم بالطريقة التنقيبية، لأن المتعلم المستقصي يبحث وينقب في مصادر المعرفة المختلفة من أجل التوصل الي هدفه.

ما المقصود بالاستقصاء ؟

الاستقصاء: أحد أنماط الأنشطة المستخدمة في التدريس والتقويم، ومن خلاله يجري الطالب اختبارا لفرضية وضعت كحل لمشكلة، أو إجابة عن سؤال.

ويشتمل الاستقصاء مجموعة من العمليات العقلية، والمهارات العملية التالية:

- وضع الفرضيات
- التخطيط
- التنبؤ
- التقويم
- المناقشة
- الحوار والتفسير
- الاتصال
- التعاون
- الاستنتاج
- القياس
- الإجراء العملي

والفكرة الأساسية في الاستقصاء، هي تغيير عامل، وقياس أثر هذا التغير على عامل آخر.

طريقة المشكلات

المشكلة بشكل عام معناها: هي حالة شك وحيرة وتردد تتطلب القيام بعمل بحث يرمي الي التخلص منها والي الوصول الي شعور بالارتياح ويتم من خلال هذه الطريقة صياغة المقرر الدراسي كله في صورة مشكلات يتم دراستها بخطوات معينة.

والمشكلة هي حالة يشعر فيها التلاميذ بأنهم أمام موقف قد يكون مجرد سؤال يجهلون الإجابة عنه أوغير واثقين من الإجابة الصحيحة، وتختلف المشكلة من حيث طولها ومستوى الصعوبة وأساليب معالجتها، ويطلق على طريق حل المشكلات (الأسلوب العلمي في التفكير) لذلك فأنها تقوم على إثارة تفكير التلاميذ وإشعارهم بالقلق إزاء وجود مشكلة لا يستطيعون حلها بسهولة. ويتطلب إيجاد الحل المناسب لها قيام التلاميذ بالبحث لاستكشاف الحقائق التي توصل الي الحل.

مسوغات تقويم التعلم بالاستقصاء وحل المشكلات:

1- مساعدة المعلمين في استخدام أساليب تتلاءم وطبيعة المواد العلمية
2- مساعدة المعلمين والطلاب في فهم أهداف الاستقصاء وطريقة إجرائه.
3- تشجيع الطلبة على استخدام المهارات العملية.
4- وبشكل محدد سيتمكن الطلبة من إتقان مهارات التخطيط، والتقويم، وتنفيذ ما تم التخطيط له، وتفسير النتائج التي تم التوصل إليها .

ويقدم برونر أربعة مسوغات أخرى لطريقة التعلم بالاستقصاء وهي:

1- القوة العقلية: القدرة على نقد المعلومات ورؤية العلاقات ومعالجة الموضوعات والمسائل التي تواجهه

2- إثارة الحفز الداخلي: أي استهداف الدوافع الداخلية أكثر من الدوافع الخارجية

3- تعلم فن الاستقصاء والاستكشاف

4- زيادة قدرة الطالب على تخزين المعلومات واسترجاعها وبقاء أثارها والاحتفاظ بها لمدة طويلة.

ولكي تكون طريقة التقصي ناجحة وفعالة يذكر كارن وصند أربعة شروط أساسية للتعلم بهذه الطريقة:

1- عرض مشكلة أو طرح سؤال أمام الطلبة بحيث يثير تفكيرهم أو يتحداهم حيث يعتبر طرح الأسئلة ونوعيتها معيارا ومحكا أساسيا في نجاح عملية التعلم بالتقصي. لذا على المعلم طرح الأسئلة التالية على نفسه:
   - ماذا أريد أن أعلم ؟
   - ما نوع الأسئلة التي يجب أن أطرحها ؟
   - ما مستوى التقصي أو الاكتشاف الذي أريده ؟
   - كيف استجيب لأسئلة الطلبة ؟
   - ما القدرات أو المواهب التي أحاول أن أطورها أو أنميها لدى الطلبة ؟
   - ما العمليات العقلية الناقدة التي أحاول أن أطورها أو أنميها لدى الطلبة ؟
   - ما الأهداف الخاصة العامة والخاصة التي لتدريس الفيزياء التي أحاول أن أحققها ؟
2- حرية التقصي والاكتشاف: بمعنى أن يعطى الطالب الفرصة لكي يبحث ويستقصي. بحيث تولد لديه شعور داخله يدفعه للتقصي المستمر
3- توفر ثقافة أو قاعدة علمية مناسبة لدى الطالب بحيث يمكن أن تكون انطلاقه كافية لأن يبحث ويتقصى كما عليه أن يتعلم ويتدرب مسبقا على بعض مهارات العلم وعملياته.
4- ممارسة التعلم بالتقصي والاكتشاف: فانه يتوقع أن يمارس الطالب التعلم بالتقصي. حتى يكون قادرا على تقصي العلم واكتشافه من خلال سلسلة من العمليات يقوم بها المتعلم (عناصر الاستقصاء).

عناصر الاستقصاء:

يشتمل الاستقصاء على المهارات الآتية:

1. التخطيط Planning
2. التنبؤ (صياغة الفرضية) Making Predictions / hypothysis

3. إجراء التجربة وجمع الأدلة Making Experiment and Collecting Evidences
4. التوصل إلى النتائج وكتابة التقارير Recording and Reporting
5. التفسير والتقييم Interpreting and Evaluating

أهمية الاستقصاء وحل المشكلات:

1- تعود المتعلم على البحث والعمل من أجل الوصول الي معرفة،وبذلك فأن دور المتعلم ايجابي أما المعلم ينحصر في توفير وتنظيم الإمكانات والظروف التي تساعد المتعلم للتوصل الي المعرفة.

2- تكسب المتعلم المهارات والاتجاهات والقيم الاستقصائية التي يتطلبها هـذا النـوع مـن التعلـيم والتعلم ومن هذه المهارات:

- التنبؤ
- الاتصال
- المهارات الحسابية لدى المتعلمين.
- مهارة تحديد الهدف.
- موضوع البحث والتعرف علي المفاهيم والمصطلحات.
- القـدرة عـلى الوصـف والمقارنـة والتصنيف والتحليـل والتصـميم والاسـتنباط ووزن الأدلـة وتقويم صدقها ودقتها العلمية.
- اتخاذ القرارات وتدوين المعلومات واستخدام المكتبة أما ما يكتسب من الاتجاهـات فمنهـا حب الاطلاع والتعود على القراءة والتحصيل المستقل.
- الاعتماد على النفس وتحمل المسؤولية والتحلي بالصبر على الصعوبات والمعاناة.

3- يكتسب المتعلم مهارات التفكير العلمي في حل المشكلات التي تواجهه.

4- التعليم من خلال الاستقصاء يمثل إستراتيجية تدريسية تسمى بإستراتيجية التـدريس الاستقصائي. وذلك لأن المتعلمين يستخدمون أكثر من أسلوب أو وسيلة لدى تحديد الهدف وجمع المعلومات والبيانات وتدوينها والتحقق من

صحتها وتقويم الأدلة المتصلة بها ومـن هـذه الأسـاليب: المناقشـة، الاستكشـاف، التحليـل، التركيـب، التقويم، التعميم.

5- تدفع المتعلمين الي كشف الحقائق والمعلومات بأنفسهم وتزودهم بمهارات التفاعـل والتواصل والاتصال الاجتماعي مع الجماعة، والعمـل فيما بيـنهم في جمع الأدلة وتبـادل الأراء والأفكـار للوصول الي المعرفة.

6- تدريب التلاميذ على مواجهة المشكلات في الحياة الواقعية.

7- تنمية روح العمل الجماعي وإقامة علاقات اجتماعية بين التلاميذ.

8- مهارات الاستقصاء تنمي عنـد الطلبة عمليـات العلم الاستكشاف والاستقصاء العلمـي كـما في: الملاحظة والقياس والتصنيف والتفسير والاستدلال والتجريب.

9- تنمي التفكير العلمي عند الطلبة وكيفية استخدام طرق العلم في البحث والتفكير.

10- تهتم في تنمية المهارات الفكرية والعمليات العقلية لدى الطالب.

11- تؤكد على استمرارية التعلم الذاتي ودافعية الطالب نحو التعلم.

12- تهتم ببناء الطالب من حيث ثقته واعتماده علـى النـفس، وشعوره بالانجـاز، وزيـادة مسـتوى طموحه، وتطوير مواهبه .

13- إن طريقة حـل المشكلات تثير اهـتمام التلاميـذ وتحفـزهم لبـذل الجهـد الـذي يـؤدي الي حـل المشكلة.

تعد استراتيجية حل المشكلات استراتيجية تعليمية توفر قضايا حياتية ليتم تفحصها مـن قبـل الطلبة. وهذه الاستراتيجيات تشجع مستويات أعلى من التفكير الناقد، وغالباً ما تتضمن المكونات الآتية:

أ)   تحديد المشكلة.

ب)   اختيار نموذج.

ج)   اقتراح حل.

د)   الاستقصاء، جمع البيانات والتحليل.

ه)   استخلاص النتائج من البيانات.

و)   إعادة النظر – التمعن ومراجعة الحل إن تطلب الأمر.

وخلال هذه الخطوات في عملية الاستقصاء يتبادل الطلبة الأفكار من خلال الكتابة والمناقشة والجداول والرسومات البيانية والنماذج والوسائل الأخرى، ويربط الطلبة التعلم الجديد بمعرفتهم السابقة وينقلون عملية الاستقصاء إلى مشكلات مشابهة.

وخلال هذه العملية على الطلبة أن يكونوا مشاركين فاعلين في تقويم العملية ونتائج الاستقصاء ومراجعتها، وفيما يلي أمثلة على هذه الاستراتيجية:

○   عملية التصميم التقني

○   الاستقصاء الرياضي

○   دراسة الحالة

○   البحث العلمي

تهدف عملية تقويم الاستقصاء إلى الحصول على تغذية راجعة حول مهارات الطلبة في تنفيذ الاستقصاء، ويمكن الحصول على التغذية الراجعة من خلال:

●   ملاحظة المعلم للطلبة في أثناء تنفيذهم الاستقصاء.

●   توجيه أسئلة شفوية.

●   قراءة التقرير الذي يعده الطالب حول الإستقصاء.

مقارنة بين التجربة والاستقصاء

التجربة: هي سلسلة من الخطوات المتتالية الهادفة إلى إثبات ظاهرة، أو قانون، أو مبدأ.

الاستقصاء: نشاط عقلي عملي يهدف إلى حل مشكلة، بوضع فرضية، ثم اختبار صحة هذه الفرضية ؛ بتغيير قيم المتغير المستقل التي تؤثر على قيم المتغير التابع.

الهدف من التجربة:

إثبات أو توضيح مبدأ، أو قانون، أو ظاهرة من خلال نشاط عملي يجريه الطالب، أو عرض عملي يقوم به المعلم.

الاستقصاء: جزء من مجال حل المشكلة، والذي يكون للمتعلم فيه دور يتعدى مجرد الحفظ، وتذكر المعلومات، فالمتعلم يخطط، ويجمع المعلومات، والأدلة التي تثبت صحة الفرضية، وكل هذا يتطلب التفكير بشكل علمي.

في الاستقصاء قد يكون هناك العديد من الحلول. أو العديد من الطرق التي تقود إلى حل المشكلة.

أمور يجب مراعاتها عند تنفيذ الاستقصاء:

إن نجاح الاستقصاء يعتمد على مجموعة من الإجراءات التحضيرية، التي تسبق تنفيذه، وأهمها:

1- تحديد الزمن الكافي لتنفيذ الاستقصاء.

2- تقسيم الطلبة إلى مجموعات بأعداد تتناسب وعدد طلبة الصف، وسعته، والمهمات التي يتطلب الاستقصاء تنفيذها.

3- توافر المواد والأدوات اللازمة.

أنماط مختلفة من الاستقصاء

على الرغم من وجود أنواع مختلفة من أنماط الاستقصاء، إلا أن أكثر هذه الانماط شيوعاً هو استقصاء الاختبار العادل.

وفيما يأتي بعض أنماط من الاستقصاءات التي يمكن استخدامها في الاستقصاء، أو لحل المشكلات، والإجابة على الأسئلة.

1- الاختبار العادل:

في هذا النوع من الاستقصاء، يتم دراسة أثر عامل مستقل على عامل تابع، وضبط باقي العوامل المستقلة.

2- الملاحظة:

في هذا النوع من الاستقصاء، تتم ملاحظة شيء معين بواسطة العين، أو قياسه باستخدام أدوات مختلفة في فترة زمنية معينة..

3- التصنيف أو الوصف:

في هذا النوع، تتم مطابقة خصائص وصفات معينه لشيء ما لنموذج معروف مسبقاً، مثل تصنيف كائن حي إلى المجموعة التي ينتمي إليها.

4- المراجع:

يمكن إيجاد حلول للمشاكل، أو الإجابة عن بعض الأسئلة من خلال الرجوع إلى بعض الكتب، والمراجع، أو الكمبيوتر، أو الأشخاص ذوي العلم والخبرة.

5- التكنولوجيا:

يمكن حل بعض المشاكل باكتشاف أداة أو جهاز. وهناك أنماط أخرى من الاستقصاء يمكن استخدامها كوسيلة لحل المشكلة.

يتضمن الاستقصاء عدداً من الخطوات تبدأ بطرح المشكلة، أو السؤال موضع البحث، وغالباً ما يقوم المعلم بطرح المشكلة أو الأسئلة. ولكن المعلم الجيد هو الذي يحفز طلبته على طرح مثل هذه التساؤلات، من خلال مناقشة هادفة يقودها المعلم.

والسؤال التقليدي الذي يطرح هو (ما العوامل التي تؤثر على .....؟)

وعند اختيار أحد مشكلة ما، فإن السؤال يمكن طرحه بأنماط تختلف في صعوبتها بحيث تتناسب مع مستويات الطلبة، وهذا يسهل قيام الطلبة بتنفيذ الاستقصاء، ويقلل من الجهد الذي يبذله المعلم في التدريس، ويجعل الدور أكثر تمركزاً حول الطالب منه حول المعلم.

خطوات الاستقصاء

يتضمن الاستقصاء كطريقة تدريس، وتقويم، عددا من الخطوات المتسلسلة والمتتابعة، التي تهدف إلى حل المشكلة. ثم الأخذ بالاعتبارات التالية ك

1- اختيار استراتيجية التقويم وتصميم أداة تقويم ملائمة لتقويم تعلم الطلاب.

2- تحديد المهارات التي سيتم تقويمها.

3- تحديد معايير التقويم الملائمة.

أمثلة:

المبحث: العلوم

النتاج التعليمي: أن يستقصي الطالب أثر الضوء في نمو النبات

استراتيجية التقويم: التواصل

أداة التقويم: سلم التقدير

(الخطوة الأولى): تحديد السؤال العلمي موضع الاستقصاء.

اختر أحد الأسئلة العلمية: (أو اكتب السؤال العلمي الذي تراه مناسباً).

- ما العوامل المؤثرة على نمو النبات ؟

- هل يؤثر الضوء في نمو النبات ؟

- إذا زرعت بذور نبات، ووضعت في خزانة مظلمة، وزرعت الكمية نفسها من البذور، ووضعت في مكان مضيء، فأي من المجموعتين يكون أكثر اخضراراً بعد مرور أسبوع ؟ (مع مراعاة ضبط بقية العوامل).

(الخطوة الثانية): ما العوامل التي يمكن استقصاؤها ؟

اختر من القائمة الآتية العوامل المحتملة التي تؤثر في نمو النبات.

- درجة الحرارة.

- سرعة الرياح.

- كمية الماء.

- كمية الضوء.

- نوع التربة.

- كمية التربة.

- شكل الوعاء.

(الخطوة الثالثة): ما العامل المراد استقصاؤه ؟

لنفترض: أننا سنستقصي أثر الضوء على نمو النبات.

(الخطوة الرابعة): ماذا تتوقع أن تكون نتيجة الاستقصاء ؟

اعتماداً على السؤال العلمي الذي تم اختياره، اختر أحد التنبؤات الآتية

(أو اكتب التنبؤ الذي تراه مناسباً).

- يزداد نمو النبات بوجود الضوء.
- أتوقع بأن تكون البادرات الموضوعة في الضوء أكثر اخضراراً.

(الخطوة الخامسة): تحديد العوامل (المتغيرات)

العامل المستقل: (العامل الذي سنقوم بتغييره)

العامل التابع: (العامل الذي يتأثر بالعامل المستقل، والـذي نريـد قياسـه) هـل العامل التـابع (اخضرار البادرة) ملائم ؟ (يمكن تغييره إذا لم يكن مناسباً).

العوامل المضبوطة:

اكتب العوامل التي يجب إبقاؤها ثابتة لضمان عدالة الاستقصاء (عدالة الاختبار).

(الخطوة السادسة): خطوات تنفيذ الاستقصاء لإيجاد أثر العامـل المسـتقل عـلى العامـل التـابع

اختر الخطوات المناسبة من القائمة الآتية (أو اكتب الخطوات التي تراها مناسبة)

- اختر وعائين وضع في كل منهما عدداً متساويا من البادرات التي يبلغ طول كل منها 2سم.
- ضع كمية متساوية من نوع التربة نفسه في كل من الوعائين.
- أضف (20) مل من الماء لكل مجموعة يومياً.
- ضع أحد الوعائين في مكان مظلم، والآخر في مكان مضيء.
- ضع أحد الوعائين في درجة حرارة الغرفة، والآخر بالقرب من مدفأة كهربائية .
- ضع بذور عدس في أحد الوعائين، وبذور فول في الوعاء الآخر.
- اترك الوعائين لمدة أسبوع.

(الخطوة السابعة): المواد والأدوات اللازمة:

بعد تحديد خطوات تنفيذ الاستقصاء. يتم تحديد المواد والأدوات اللازمة.

اختر الأدوات والمواد المناسبة مما يأتي . (يمكن إضافة مواد أخرى إذا لزمت).

- وعاء بلاستيكي عدد (2) لزراعة النبات .
- (60) غم تربة.
- كأس زجاجي.
- 280 مل ماء.
- 4 بادرات عدس طول كل منها 2سم.
- 4 بادرات فول طول كل منها 2سم.
- ميزان حرارة.
- مدفأة كهربائية للتسخين.

(الخطوة الثامنة): إجراءات الأمن والسلامة:

هل هناك إجراءات أمن وسلامة ضرورية يجب مراعاتها ؟

(الخطوة التاسعة): النتائج، والمشاهدات (الملحوظات)

(الخطوة العاشرة): الطريقة الأنسب لعرض النتائج:

يمكن عرض النتائج على شكل: جداول، أو رسومات بيانية، أو أشكال أو نصوص كتابية. (يفضل استخدام الأعمده البيانيه والمنحنيات والجداول)

(الخطوة الحادية عشرة): تفسير النتائج:

اختر من القائمة الآتية التفسير الذي يلائم المتغيرات التي تم اختيارها، أو اكتب التفسير الـذي تراه مناسباً .

* الضوء عامل مهم لنمو النبات ؛ لأن الضوء يساعد في حدوث عملية البناء الضوئي اللازمة لصنع غذاء النبات .

* زيادة درجة الحرارة يساعد في زيادة نمو البـذور ؛ لأن الحـرارة تعمـل عـلى زيـادة سرعـة التفاعلات الحيوية التي تحدث في خلايا النبات .

* التربة الطينية أفضل من التربة الرملية لنمو النبات ؛ لأنها غنية بالمواد العضوية اللازمة لنمو النبات التي يمتصها النبات بواسطة الشعيرات الجذرية .
* الماء ضروري لنمو النبات وقيامه بالعمليات الحيوية، حيث تعمل النباتات على امتصاص الماء بواسطة الشعيرات الجذرية .
* يختلف نمو بذور الفول عن بذور العدس حين وضعت في الظروف نفسها، وبشكل عام يختلف نمو النبات باختلاف نوعه .

(الخطوة الثانية عشرة): الاستنتاج:

اختر من القائمه الآتيه الاستنتاج المناسب، أو اكتب الاستنتاج الذي تراه مناسباً ، اعتماداً على المتغيرات التي تم اختيارها:

- يتأثر نمو النبات بـ:
  - الضوء.
  - الحرارة.
  - نوع التربة.
  - كمية مياه الري.
  - نوع البذور

(الخطوة الثالثة عشرة): أداة التقويم

بعد القيام بتنفيذ الاستقصاء،

	نعم	لا
هل تعتقد بأن تصميم الاستقصاء كان مناسباً ؟		
هل الاستقصاء يوضح بالفعل أثر الضوء على نمو النبات ؟		
هل أعيدت التجربة عدة مرات للتأكد من صدق نتائجها ؟		
هل كان الوقت كافياً للحصول على النتائج ؟		
هل تم ضبط المتغيرات المستقلة الأخرى كافة ؟		

مهارات الاستقصاء ومحكات تقييمها

المهارات	محكات التقويم والعلامات المستحقة	العلامة المخصصة
تحديد هدف الاستقصاء.	يحدد هدف الاستقصاء ويبين فهمه للمشكلة موضوع البحث	
تحديد المتغيرين: المستقل والتابع.	- يحدد المتغير المستقل (المراد دراسته). - يحدد المتغير التابع (المراد قياسه).	
ضبط العوامل الأخرى ذات العلاقة حسب الضرورة.	- يحدد (3) متغيرات مضبوطة على الأقل. - يحدد متغيرين مضبوطين على الأقل. - يحدد أقل من متغيرين مضبوطين.	
كتابة فرضية علمية.	يكتب فرضية علمية توضح العلاقة بين المتغير المستقل التابع.	
كتابة خطوات التجربة والأدوات اللازمة.	- يكتب خطوات التجربة وكيفية ضبط العوامل وقياس أثر المتغير المستقل والمتغير التابع - يحدد المواد والأدوات اللازمة	
تبني إجراءات مناسبة ومأمونة	يكتب إجراءات الأمن والسلامة التي سيراعيها عند تنفيذ الاستقصاء	
الدقة في القياس	- الدقة في القياس لكل متغير - القياسات المتكررة.	
تنظيم النتائج وجدولتها	- يسجل النتائج بشكل منظم في جدول مبينا المتغير المستقل، التابع. - يستخدم وحدات قياس مقبولة.	
عرض النتائج بأشكال مختلفة	يختار شكلا مناسبا أو اكثر لتمثيل النتائج بشكل دقيق	
استخدام التعميمات والملحوظات ؛ لاستخلاص	- يصف اتجاها أو نمطا (إذا كان ذلك مناسبا)، أو يحدد بأنه لا يوجد اتجاه أو نمط واضح.	

استنتاجات صادقة من خلال النتائج التي تم التوصل إليها	- يقدم استنتاجا ذا صلة بالاستقصاء المحدد وفي ضوء النتائج التي تم الحصول عليها.	
قبـــول تثبيـــت، أو تعـــديل الفرضية.	- يثبت الفرضية إذا أكدت النتائج صحة الفرضية. - يعدل الفرضية إذا كانت النتائج تدحض الفرضية	
المجموع الكلي		

مبحث العلوم:

يطلب المعلم من الطلبة استقصاء بعض الأمراض الصحية، مثل مرض السكري وضغط الدم المرتفع ومشكلات الجهاز الهضمي...الخ. ويساعد المعلم الطلبة باختيار المراجع الحديثة مثل مصادر الإنترنت. ومن ثم يخططون ويبحثون ويقدمون حلولاً وطرائق للعلاج بناء على قضايا صحية واعتبارات شخصية ودينية.

تقرير الطالب

موضوع الاستقصاء:	التاريخ:
الاسم / أسماء المجموعة:	الصف:
المشكلة:	
العوامل التي يمكن استقصاؤها:	
العامل المراد استقصاؤه:	

فرضية الاستقصاء (التنبؤ):	
المتغير المستقل (المتغير الذي نريد تغييره):	
المتغير التابع (الذي نريد قياسه):	
المتغيرات المضبوطة:	
خطوات تنفيذ الاستقصاء:	
المواد والأدوات اللازمة:	
تفسير النتائج:	
المقارنة بين النتيجة والفرضية:	
التحسينات المقترحة:	

مبحث الحاسوب:

يختبر الطلبة في حصة الحاسوب مدى توافر فرص التعلم الإلكتروني في المناطق النائية. ويحددون القضايا التي يواجهها الريف، ويدرسون الحلول المتداولة حالياً في الشرق الأوسط وأوروبا. ثم يقدمون التحليل وإمكانية تطبيق هذه الحلول في صفوفهم.

التقويم الذاتي

مفهوم التقويم الذاتي:

يقصد بالتقويم الذاتي أن يقومّ الإنسان ذاته بذاته، فيحاسب نفسه ويراجعها الحساب،يعتز بممارساته ويعززها أو أن يعدلها ويطورها.

التقويم الذاتي في التراث العربي الإسلامي:

إن فكرة أن يقوم الإنسان نفسه فكرة قديمة قدم الإنسان،فهو قد كان يعمل على محاسبة نفسه إزاء ما يعمله،وعلى مراجعة ممارساته بعد إتيانها.

ولعل من الضروري أن يقف الإنسان وخاصة المعلم وقفة مع نفسه يقيم أداءه وسلوكه مع الطلاب ومدى انصياعه لأوامر الحق تبارك وتعالى مستهدياً بالآية الكريمة:

« وكل إنسان ألزمناه طائره في عنقه ونخرج له يوم القيامة كتاباً يلقاه منشورا، اقرأ كتابك كفى بنفسك اليوم عليك رقيبا ».

أليس هذا التوجيه الإلهي العظيم أفضل أسلوب لتقييم الأداء ذاتياً؟ ألا يشير هذا التوجيه إلى أهمية أن يبادر الإنسان بمحاسبة نفسه وتقييم تصرفاته وتصحيحها استجلاباً لرحمة الله وغفرانه؟

والتراث العربي والإسلامي حافل بدعوة الفرد إلى تقويم ذاته ومحاسبة نفسه. فهو البصير بنفسه وواقعه وسلوكه وتصرفاته،والعارف بميوله ومشاعره واتجاهاته. وهو المدقق والمحاسب الأول لذاته في كل ما يمارسه. قال تعالى:

« بل الإنسان على نفسه بصيرة ».

هكذا أجمل القرآن الكريم بأعجازه مفهوم التقويم الذاتي.

ورأى الرسول محمد بن عبد الله (صلى الله عليه وسلم) أن من أهم مجالات تفوق الإنسان وتميزه قدرته على أن يدين نفسه عند الحيد على الصواب:

« الكيس من دان نفسه وعمل لما بعد الموت».

ودعا الخليفة عمر بن الخطاب (رضي الله عنه) إلى محاسبة النفس وروز السلوك، وجعل تقويم الإنسان ذاته خيراً من تقويم الآخرين له:

«حاسبوا أنفسكم قبل أن تحاسبوا، وزنوا أعمالكم قبل أن توزن عليكم».

وقال الأمام علي بن أبي طالب (كرم الله وجهه):

« ما هلك امرؤ عرف قدر نفسه ».

وجاء في المأثور من القول عن ميمون بن مهران:

« لا يكون العبد تقياً حتى يحاسب نفسه».

منطلقات إستراتيجية التقويم الذاتي:

ترتكز استراتيجية التقويم الذاتي إلى مبادئ يعبّر عنها بالمنطلقات التي تحكمها وتسوّغ الدعوة لها.

المنطلق الأول لهذه الاستراتيجية:

هو أن الإنسان بطبعه مشدود إلى الكمال، يسعى إليه ما وسعه السعي.فإذا ما توافرت لديه المعرفة وتبين مناحي قصوره بنفسه وحده،دونما وعظ أو تخطئة من أحد فإنه سرعان ما يجد نفسه مطالباً ذاتياً بالعمل على تجاوز هناته وجوانب قصوره،وبذل الجهد لتحسين نفسه في عين نفسه.

المنطلق الثاني:

أن التقويم الذاتي يعزز لدى العامل التربوي خصائص الإنسان المفكّر،الذي يسعى للحصول على المعلومات من خلال صحائف التقويم الذاتي، ويثمّن مايحصل عليه من معلومات،فيمارس التفكير المبدع ويطبّق المعارف التي يكتسبها،فتزداد مهاراته التفكيرية في فهم ذاته وفهم الآخرين.

المنطلق الثالث:

ناشئ من الإيمان بأن التقويم الذاتي أقل الوسائل كلفة،وقد تكون من أكثرها جدوى وفاعلية،وربما سرعة في ترك الأثر المرجو في المعنيين وانتقاله.

المنطلق الرابع:

ينبع من احترام العامل التربوي إنساناً،ومن الثقة بصدق نواياه وسلامة تطلعاته إلى التحسين والتقدم ورغبته في تطوير ذاته دون آمر أو مراقب خارجيّ،ويتفق هذا المبدأ مع الاتجاهات التربوية التراثية والمعاصرة والتي تدعو إلى احترام ذاتية الإنسان واستقلال شخصيته،وإعانته على الإنطلاق في الاتجاه السليم.

المنطلق الخامس:

هو الاعتقاد بأن التحسين والتطوير وبالتالي التقدم الذي يصيبه العاملون التربويون لا يعود كله إلى التقويم الذي يمارسه الموجهون والخبراء على هؤلاء العاملين.ففي ذلك نصيب لا بأس به يرجع إلى اقتناع العامل التربوي بتطوير ممارساته، وإلى اقتناعه بلزوم تطوير هذه الممارسات وتحسينها ذاتياً. وخير ما يكون ذلك بتعريض العلملين التربويين للمعرفة والمهارات والأساليب السليمة في تنظيم النشاطات التعليمية. فعن طريق الموازنة بين ما هم عليه وبين الصورة الفضلى،يمكن أن يتولد لدى العاملين التربويين الدافع للتطوير والتحسين. وفي ذلك كله شعور العامل التربويّ بالأمن والأمان لأن عثراته تقوّم دونما عقاب أو قرار من سلطات تربوية عليا.

المنطلق السادس والأخير:

فمرده إلى الإيمان بأن التقويم الذاتي عملية توفر التربية المستديمة والتعلم الذاتي..وهما متطلبان لازمان لضمان سير التربية طوال العمر في اتجاهها الصحيح.

صحيفة تقويم ذاتي مقترحة لاستخدام المعلمين في إدارة الصف وحفظ النظام فيه:

ضع إشارة (×) في العمود الذي يعبر عن رأيك في البند المعني. واختر بدرجة كبيرة بدرجة متوسطة بدرجة قليلة.

أولاً: في مفهوم النظام

	بدرجة كبيرة	بدرجة متوسطة	بدرجة قليلة
أرى في النظام تعزيزاً للمثل الديمقراطية.			
أفهم أن النظام طريقة للعيش مع الطلاب تتصف بالعلاقات الجيدة من الأخذ والعطاء.			
أبحث في المشكلات النظامية،عن المسببات الخفية لسوء التوافق في سلوك طلابي			
أربط بين النظام وأساليب التعلم الفعالة التي يكون فيها لطلابي مشاركة ونشاط.			
أؤكد في نظرتي للنظام، على تشجيع السلوك الملائم بدلاًمن اللوم والعقاب.			

ثانيا": في العمل على تحقيق نظام جيد في الصف.

أ-استخدام الأساليب الإيجابية في بناء العلاقات الصحيحة:

	غالباً	**احياناً**	**نادراً**
أحاول معرفة كل طالب من طلابي فرداً			
أحاول تطوير علاقات مع طلابي تقوم على الاحترام			
أظهر ثقة بطلابي			
أكون مخلصاً وصادقاً في تعاملي معهم			
أكون عادلاً في تعاملي معهم			
أكون مرحاً في الصف وخارجه			
أكون صبوراً وحليماً في التعامل مع طلابي			

أبدي تقديراً للأعمال الجيدة التي يؤدونها			
أتعامل معهم في حدود مستوياتهم دون تعالٍ أو اعتداء			

ب- في تجنب المواقف السلبية في العلاقات.

	غالباً	احياناً	نادراً
أتجنب مجادلة الطلاب المشكلين أثناء وجود رفاقهم في الصف			
أتجنب حمل الضغائن واتخاذ المواقف الرافضة من بعض طلابي			
أتجنب الانفعال والمواقف الذاتية في معالجة المشكلات النظامية			
أتجنب استخدام التهديد وسيلة للتأديب			
أتجنب استخدام التهكم أو السخرية وسيلة للضبط			

ج- في تحسين العملية التعليمية التعلمية إ سهاماً في حفظ النظام.

	غالباً	احياناً	نادراً
أبدي حماسةً وإيجابيةً تجاه عملي لعلي أكسب طلابي الحماسة والإيجابية			
أكون منظماً ومستعداً للدروس التي أنظمها			
أهتم بالمتقدمين والبطيئين من طلابي			
أركز علي الهدف في كل نشاط صفي ليكون التعلم ذا معنى			
أنوع طرائق التعليم والتعلم والأساليب التي أتبعها			
أشرك طلابي في نشاطات العملية التعلمية التعليمية			
أعزز جهود طلابي وسلوكهم التعلمي الإيجابي.			

أفيد من ملحوظات طلابي في تعديل سلوكي التعليمي			
أشجع طلابي على تقويم أنفسهم وجهودهم			
أهتم بالفروق الفردية بين طلابي في المعاملة وتنظيم التعلم			

د – في استخدام بعض الأساليب الأخرى المساعدة على توليد النظام.

	غالباً	احياناً	نادراً
أعقد جلسات زمرية وفردية لطلابي			
أحرص على لقاء أهالي الطلاب للتعاون معهم			
أكلف بعض الطلبة بعض المهمات البسيطة في إدارة الصف.			
أشارك الطلبة في وضع دستور مبسط للسلوك في الصف			
أحيل المشكلات السلوكية المستعصية إلي المرشد التربوي			
أشجع النشاطات المنهجية اللاصفية			
أحدث تغييرات في الظروف المادية للموقف التعليمي التعلمي			
أستخدم التلميحات غير اللفظية في التفاعل الصفي			
أوظف الوسائل التعليمية التعلمية في دروسي			
أوظف العمل التعاوني وأشجع الإنجازات الجماعية			

نماذج التقويم Evaluation

ظهرت العديد من النماذج التقويم التي تعكس هذه النماذج الكثير من الفلسفات والمفاهيم الخاصة بمطوريها وتبين الاختلافات فيما بيينهما اختلاف الرؤية حول القضايا الأساسي في التقويم ومن هذه النماذج:

1-النموذج القائم على الهدف أو نموذج تايلرTyler

يعتبر من أقدم النماذج التقويم وهو يسعى إلى مقارنة بين النتائج المستهدف والنتائج الفعلية.و يتضمن هذا المفهوم خطوات عملية تبدأ بالصياغة المحكمة للأهداف وثم يتم تصنيف الأهداف العامة وصياغتها إجرائيا وتحديد الظروف والمعطيات التي يمكن أن تتحقق من خلالها، ثم مقارنة الأداء المتحقق فعليا بالأهداف ليمكن الحكم عليها. وتعتبر الأهداف غير المحققة نقصا في البرنامج الذي يتم تقويمية، أما الأهداف المتحققه فتعتبر نجاحا للبرنامج.ومن الانتقادات الموجه إلى هذا النموذج أن نتائج التقويم تأتي متأخرة أي في نهاية البرنامج مما يحد من الاستفادة منها في التحسين من البرنامج.

2-النموذج الخالي من الأهداف (التقويم دون التقييد بالأهداف)

ويسمى أحيانا بالنموذج التحكمية بناء على محكم خارجي. ابتكر فكرته سكريفين Scriven أنه ينبغي التفتيش عن التأثيرات الحقيقية للبرنامج أي التي حدثت بالفعل سواء أكانت مقصودة آم غير مقصودة انه بالامكان تحقيق ذلك إذا تم وضع تصورا لتقويم متحرر من الأهداف المعلنة للبرنامج حيث بأمكان الموظفون القيام بوظيفتهم بصور أفضل في حال عدم معرفتهم بالأهداف الرسمية.

ولقد ميز سكريفين بين نوعين من التقويم هما:

التقويم البنائي Formative Evaluation يعنى تقويم بالتحسين والتطوير لبرنامج قائم وتوفي المعلومات اللازمة لذلك من شتى مصادرها.

التقويم النهائي Summative Evaluation يعني التعرف على النتائج النهائية لبرنامج مكتمل حيث تجمع المعلومات التي من شأنها أن تساعد ف بالاستمرار في البرنامج أو تعديله أو إيقافه، بالإضافة إلى ضرورة تقويم الأثر (أو مدى التأثير) للبرنامج سواء المقصودة أم غير المقصودة مباشرة أم غير مباشرة إضافة إلى الاهتمام بالطبع إلى كل ما يجرى داخل البرنامج من تفاعلات ونشاطات. وأكد سكريفين على أهمية التقويم المقارن وضرورة مقارنة البرنامج بغيرة من أجل المساعدة في اختيار البدائل المتاحة.

3-نموذج الهيئة الكلية للتقويم Countenance Model:

قدم ستيك Stake إطار للتقويم يمثل المظهر أو الصورة التي يجب أن يكون عليها التقويم. ويركز النموذج في جمع المعلومات لغرض المستفيد من التقويم على عمليتين هما الوصف والتقييم وفقا لثلاث مراحل من حياة البرنامج:

1- السوابق: الظروف الموجودة قبل تدشين البرنامج والتي قد يكون لها تأثير على البرنامج، حيث يتعين جمع معلومات عن تلك الظروف لتوفير خلفي وافية عن البرنامج.

2- العمليات: ما يجر داخل البرنامج من فعاليات ونشاطات وما يجري أثناء التنفيذ.

3- النواتج: الآثار التي أحدثها البرنامج أو ما نتج عنه من تغير.

وفي عملية الوصف يؤكد ستيك على ضرورة أن يكون الوصف شاملا لكل من مراحل حياة البرنامج (السوابق والعمليات والنواتج) وأن يميز في كل منها بين ما هو مقصود (أو مخطط له في كل مرحلة) وما هو ملحوظ (أو تحقق فعلا) وان يتم تحليل المعلومات الوصفية للوقوف على مدى التوافق بين المقصود والملحوظ في البرنامج.

أما في عملية التحكيم أو إصدار الأحكام على مراحل حياة البرنامج فيرى ان تتم أولا وفق لمعايير أو محكات يتفق عليها من قبل المسؤولين وبمشاركة المعنيين بالبرنامج حتى لا تكون هناك نظرة سلبية إلى المقوم أو

محاولة لحجب المعلومات عنه وقد تكون هذه المعايير أو المحكات نسبية مقل سمات مراح لحياة البرنامج (السوابق والعمليات والنواتج) مقارنة بغيره من البرامج المماثلة وقد تكون مطلقة تعتمد على توقعات المسؤولين وغيرهم حول البرنامج وما يرون انه مثالي بالنسبة لمراحل حياته.

4-التقويم المتجاوب Responsive Evaluation

يعتمد في منهجية جمع المعومات على تصور ستيك الكلي للتقويم فغرض التقويم في هذا النموذج يقوم على مساعدة المستفيد على تحديد نقاط الضعف والقوة في البرامج والتعامل معها، وليس التأكد فقط من تحقيق الأهداف. من خلال إجراءات تقوم على الملاحظة المباشرة والتحدث إلى الناس والاستماع غليهم في ظروف طبيعية Naturalistic وغير مصطنعة وتفسير ما.

5-النموذج الطبيعي Natural Form

الذي يستند إلى فلسفة مفادها أن "الحقيقة " مفسرة اجتماعيا، وأنه توجد هناك حقائق متعددة ويدخل المقومون بدون أي فكرة مسبقة عن البرنامج واستنادا إلى ملحوظاتهم يسعون لفهم واقع البرنامج كما هو عليه فهو يركز على عدد من المنظورات بين القومين والمبحوثين والتجانس والمعاني وغزارة الأوصاف.

6-نموذج المساءلة

يركز على تقويم فعالية – التكلفة لإلزام مدير البرنامج بمسؤولياتهم إذ ينبغي توضيح كيفية صرف الموارد المالية /الأموال وتبريرها وفقا لما يتعلق بالخدمات المجددة للجمهور المستهدف لذي يفضل ودود مقاييس صادقة ومحددة.

7-النموذج الموجة نحو متخذ القرارات:

هدف التقويم في هذا النموذج هو أعطى المعلومات لاتخاذ قرارات محددة ويساعدهم على اتخاذ قرارات أكثر عقلانية. ويتضمن هذا النموذج ثلاث عناصر مختلفة:
1- التخطيط 2- الحصول على المعلومات 3-التطبيق

8-نموذج مركز دراسات التقويم CSE

(UCLA Center for the study of Evaluation)

يعرف هذا النموذج التقويم بأنه عملية تحديد أنواع القرارات التي لابد من تتخذ وهو عملية لاختبار المعلومات وجمعها وتحليله، تلك التي تحتاج في اتخاذ مثل هذه القرارات وعملية نقل هذه المعومات إلى متخذ القرار الملائمين.

وفقا لهذا النموذج يتم تحديد القرارات إزاء كل مرحلة من مراحل تطور البرنامج وفقا للأتي:

- مرحلة تقدير الاحتياجات: تجمع المعلومات هنا لمعرفة مدى وفاء البرنامج لاحتياجات الخاصة به، وعندما تقارن النواتج الفعلية بالنواتج المرغوبة يستخدم الفرق بيينهما لتحديد الاحتياجات المشكلات والتي بدورها تكون الأساس لتحديد الأهداف التي ينبغي العمل عليها.
- مرحلة تقويم التنفيذ: توفر معلوما هنا لأغراض التقويم البنائي لتعرف مدى الالتزام في خطوات التنفيذ بالخطة المقرة للبرنامج، والحاجة إلى القيام بأية تعديلات عليه ليتوافق مع خطته الأصلية.
- مرحلة تقويم النواتج: تجمع المعلومات في هذه المرحلة من البرنامج لأغراض التقويم النهائي لمساعدة مصاحب القرار في الحكم على مدى نجاح البرنامج في تحقيق أهدافه، ومعرفة إمكانية تعديل البرنامج، أو إيقافه أو التوسع فيه.

9- نموذج المواءمة The Discrepancy Model

اقترح هذا النموذج مالكوم بروفس الذي عرف التقويم بأنه في وصف الفروق بين التوقعات من برنامج ما والأداء الفعلية له. والمفاهيم الثلاثة الأساسية في هذا النموذج هي:

- المعايير: عبارة عن قائمة بمجموعة السمات والخصائص التي يتعين أن تكون متوافرة في البرنامج.

- الأداء: عبارة عما هو قائم فعليا أو موجود من السمات والخصائص في البرنامج.
- أوجه التفاوت (الفروق): هي تلك الفروق القائمة بين المعايير المرغوبة في المنظومة أو البرنامج بالأداء الحاصل فعلا للوقوف على مدى التباين أو عدم المواءمة فيما بيينهما.

ويسمى في بعض المراجع بنموذج التعارض الذي يتطلب اتخاذ القرار لتحديد الفروق والتعارض بين المعايير والأداء الفعل فالنقطة الأساسية هي إن جميع الأنظمة والنماذج الصادقة تتضمن نفس المكونات الأساسية تحديد الأهداف،اختيار أدوات القياس أو وضعها، تخطيط استراتيجيات تحقيق الهدف، إجراءات العملية والنتائج وتحلي النتائج وتفسيرها. والبعض الآخر بنموذج الفروق. ويظهر هذا النموذج فائدة الطريقة دراسة الحالة في مجالي علم الاجتماع والعلا ج النفسي ويتركز هذا النموذج فائدة الطريقة التجريبية ف يحلا لات معينة، فهو يفضل للطرق الوصفية للتاريخ وطرق دراسة الحالة في مجالي على الاجتماع والعلا ج النفسي ويتركز هذا النموذج النسبي على الطرق الطبيعية وهو يوفر معلومات مستمرة لصناع القرارات بشان برنامج جار تنفيذه، وهو يحتاج إلى عدد كبير من الموظفين والوقت أو المال.

10- نموذجCIPP

يعود هذا النموذج إلى ستافلبيم Stuffelbeam والذي يعرف التقويم بموجبة على انه العملية التي تحدد بها المعلومات الوصفية والتحكيميه وتجمعها وتوفرها من اجل الحكم، من حيث الأهداف والتضمن والتنفيذ والأثر، على قيمة موضوع التقويم وجدارته من اجل توجيه القرار، وخدمة المحاسبية وزيادة فهمنا للظاهر المدروسة. وعبارة سيب CIPP تعبر رموز مختصرة إلى السياق Con**** والذي يشير إلى العمليات المتضمنة في اختبار الأهداف، وإلى المدخل Input والذي يشير إلى تقويم عدد من الاستراتيجيات البديلة التي تتبع لتحقيق الأهداف والاختبار من بيينهما، وإلى تقويم العملية Process التي تتضمن تنفيذ الاستراتيجيات التي تم اختيارها، وتقويم الناتج Product الذي يتناول في الأساس ما إذا كانت الأهداف قد تحقق وبأية درجة.

و من أنواع القرارات التي يتم اتخاذها في هذا النموذج

1- قرارات التخطيط Planning Decisions: هي القرارات التي تخص وتؤثر باختيار الأهداف

2- قرارات البناءStructuring Decisions : هي التي تؤكد وتحدد الإستراتيجيات والتصاميم الإجرائية لتحقيق الأهداف.

3- قرارات التنفيذ: Implementing Decisions هي التي توفر وسائل التنفيذ؛ لتنفيذ الاستراتيجيات والمناهج والتصاميم

4-قرارات التغذية العكسية Recycling Decisions: هي التي تحدد استمرارية أو تعديل أو إلغاء النشاط أو البرنامج نفسه.

وتعتمد تلك القرارات في نموذج CIPP على أربعة أنواع من التقويم هي:

1-تقويم المحتوى أو تقويم السياق العام :Content Evaluation يوفر المعلومات الخاصة بالاحتياجات التي من خلالها تتشكل الأهداف. وهو يتوجه في الأساس إلى تشخيص نقاط الضعف أو القوة في المؤسسة او البرنامج أو المشروع بشكل شام لو تعرف المشكلات وتوفير المنطلق اللازم للتحسين من الأداء والفعالية، والمساعدة على إعادة صياغة الأهداف لمقابلة الاحتياجات.

2-تقويم المدخلات Input Evaluation: يتوجه إلى إعطاء وصفة للبرنامج الذي يمكن ان يحدث التغيير المطلوب. وهو يساعد هذا النوع من التقويم في تحاشي السعي وراء خطط قد تفشل أو تكون مكلفة.و ذلك من خلال توفير المعلومات حول نقاط القوة والضعف للاستراتيجيات والتصاميم البديلة لإشباع أهداف معينة.

3-تقويم العمليةProcess Evaluation :و يسمى أحيانا تقويم العمليات الداخلية: يوفر المعلومات لمراقبة الاستراتيجيات والإجراءات المختارة خلال تنفيذها للمحافظة على نقاط القوي وإزالة نقاط الضعف أي أن جهد التقويمي عبارة عن تقويم للبرنامج أثناء عمله، لغرض تقديم تغذية راجعه للإداريين والمسئوليين علن البرنامج حول المدى الذي التزمن فيه فعالية

البرنامج بالجدول الزمني ونفذت وفقا للخطة، ومدى الإفادة من المصادر المتاحـة في الخطـة، وتـوفير معلومات تساعد في تعديل الخطة ومراجعتها، وتعرف مدى قيام المسؤولين في البرنامج بأدوارهم كما خطط لها.

4-تقويم النواتج Product Evaluation أو تقويم المخرجات: يقدم معلومات إلى أي مدى تم تحقيق الأهداف وتقرير ما إذا كانت الاستراتيجيات والإجراءات والمناهج قد طبقت بشكل صحيح لتقرير إلغاء الأهداف تعديلها أو الاستمرار بها. فهو يحاول قياس آثار البرنامج المقصود وغير المقصود ويتم جمع كل المعلومات التحكيمية حول نجاح البرنامج من ملحوظات الناس المرتبطين بالبرنامج، ومن خلال مقارنة النتائج برامج مثيلة إذا كانت متوافرة وعادة ما يسأل هل النواتج تبرر التكلفة المترتبة على البرنامج، وتقدم تلك المعلومات على شكل تقارير لتقويم مراحل تنفيذ البرنامج.

11- وجه التقويم:

ارتبط هذا النموذج باسم روبرت ستيك فهو يتحدث عن وجهين للتقويم: الوصف، الحكم وهو يرتبط ارتباطا مباشر بتقويم الآثار في ضوء الأهداف المعلنة. رغم إغفاله تصنيف المعايير غير المعلنة فهو يوجه المقومون إلى الحاجة لتحديد المعايير على الأساس الذي يمكن في ضوئه إصدار الأحكام.

12- تقويم بيرتPERT :

والاسم الكامل لـProgram Evaluation and Review Technique وهو أسلوب مراجعة وتقويم البرامج وهو يركز اهتمامه للبرنامج أثناء التنفيذ المتابعة الفعالة للتأكد من سير عملية التنفيذ وفقا للبرنامج الزمني المرسوم المحدد. ويستخدم حين يكون عامل الوقت اعتبار كبير في تنفيذ البرنامج ، وفي كتاب Ross & there صنف النماذج الشائعة إلى تقويم العمليات أو التنفيذ Process or Implementation وجمع معه تقويم الرصيد أو عمليات الرصدProcess Monitoring وهناك تقويم آخر هو تقويم النتائج Impact Assessment.

تكنولوجيا المعلومات والاتصالات (ICT) كأداة للتعلم

بدأ الانفجار الإلكتروني الكبير منذ فترة نسبية قصيرة جداً ودخلت المجتمعات الإنسانية عصر-العولمة على المستوى الفكري والثقافي وأصبح الإنترنت وسيلة

النقل والربط بين الثقافات والحضارات وربما شهد عصرنا بداية الحروب الإلكترونية وأنواع أخرى من الغزو الاستعماري، ولكن هذه المرة ليس غزواً عسكرياً فحسب بل غزواً إلكترونياً وبإمكانات أقل بكثير. إنه الغزو الثقافي الوارد إلينا عبر الألياف البصرية وبالصور الملونة والناطقة بغير لغتنا الأصيلة، وكان مما ساعد على تغلغل تكنولوجيا المعلومات في مختلف القطاعات المجتمعية هو الاندماج الذي بدأ يحصل بين المعلومات والإتصالات والوسائط المتعددة حتى أصبحت المعلومة تتشكل بأشكال مختلفة وقادرة على التنقل بشكل مرئي أو مسموع أو مكتوب عبر الأثير الإلكتروني لشبكة الإنترنت أو شبكات الإتصالات الخلوية التي أضحت قريبة جداً إلى مُحاكاة الحاجات الطبيعية للبشر.

ومن أهم المجالات التي تأثرت أو سوف تتأثر بشكل أساسي بثلاثية " المعلومات– الإتصالات– الوسائط المتعددة" هو خدمات التعليم، والصحة، والإدارة الحكومية، والتجارة الاليكترونية وغيرها من التطبيقات الناجحة لتكنولوجيا المعلومات والاتصالات.

تساهم تكنولوجيا المعلومات والاتصالات في تطوير خدمات التعليم، فهي توفر سبل جديدة للمشاركة في تطوير العملية التعليمية، وتتيح امكانات جديدة لتنويع أساليب تطويرها، واستخدامها بالشكل الأمثل. فقد بلغ عدد مستخدمي الانترنيت في العالم عام 2002 حوالي 5 و591 مليوناً، وقد شكلت البلدان النامية في نهاية عام 2002 نحو 32% من مستخدمي الانترنيت في العالم.

ولاشك أن تزايد استخدام الانترنيت على نطاق واسع في التعليم، يزيد من نمو حركة العملية التعليمية على الانترنيت، كما يغير من طريقة استخدام المعلم والطالب لها.وتؤثر تكنولوجيا المعلومات والاتصالات بشكل عام على أداء المعلم، وعلى قدرته وكفاياته، من خلال ازدياد تدفق المعلومات، الأمر الذى يؤدى الى مزيد من كفايات المعلم بالمعلومات وتحسين التنظيم واستخدامه طرائق متنوعة في التدريس.

وتعد أنواع تكنولوجيا المعلومات والاتصالات بمثابة أدوات هامة لتحسين العملية التعليمية، وزيادة القدرة التنافسية الدولية نحو تقدم عملية التعلم والتعليم

في تطوير مستوى التدريس لتحقيق نتاجات المنهاج، من خلال زيادة كفاءة التعليم، وتمكين المدارس من تبادل المزيد من المعلومات ومن الوصول اليها، وتساعد الطلاب على إتمام الدروس والأهالي على التواصل مع مدارس أبنائهم .

برزت في الفترة الأخيرة إتجاهات قوية لتطوير جميع عناصر العملية التعليمية، وطرحت ثورة المعلومات أمام القطاع التعليمي الحكومي والخاص على حدٍ سواء تحديات كُبرى وفرص مثيرة نحو تحسين عملية التعلم والتعليم واستخدامها بالشكل الأمثل حيث يتم مواجهتِها بالوسائل المُناسِبة، الحكمة والتخطيط الواعي والمدروس.

لم تعد تقنية المعلومات مقتصرة على التعليم؛ فقد أحدثت هذه التقنية بالفعل ثورة في العديد من المفاهيم والقيم المجتمعية وتقاطعت مع مختلف قطاعات المجتمعات الانسانية، فقد تدخلت في الإقتصاد، التجارة والأسواق المالية، وساعدت المستشفيات والمراكز الصحية على تبادل المعلومات عن المرضى والأمراض.بل أكثر من ذلك، لقد أصبحت مُلتقى للعشاق ومحبي القراءة والباحثين والمبدعين والأهم من ذلك كله أنها تحولت في غضون سنوات قليلة إلى سمة أساسية من سمات المجتمع المتحضر. حيث أصبح مُستوى تقدم المجتمعات يُقاس بمستوى دخول المعلوماتية والإنترنت إلى مفاصله وتغلغلها بين طبقاته، والحقيقة أنها أصبحت دليلاً قياسياً جديداً على التقدم والرقي.

أصبحت المعلومات الآن هي الإقتصاد والمجتمع المعلوماتي هو القوة الإقتصادية القادمة لدول العالم. ولو نظرنا للمعلومات بصورة أكثر شِمولية وموضوعية – لأدركنا أن إقتصاد الدول يُبنى على أساس المعلومات والبيانات والإحصائيات الدقيقة المُحقِقة للنجاح والتميُز بِشكلٍ عام.

هذا ومع دخول وسائل الإتصالات الحديثة مثل الإنترنت – والكم الهائل من المعلومات التي يصعُب علينا إستيعابها ودراستها بشكل سليم. لِذلكِ أصبح إنتاج المعلومات وإستغلالها بالشكل الصحيح أحد أهم عوامل نجاح العملية التعليمية. أما من الناحية التقنية للمعلومات نجد كثير من البوابات الالكترونية في مجال التعليم

كالمدارس والجامعات التي تعتمد على وسائل الاتصالات الحديثة ولا ننكر بعض الجهود الفردية أو الجماعية الصغيرة في إنشاء بوابات الكترونية ولكن ينقصها الدعم المادي من الشركات المتخصصة وتوفير المعدات والبرمجيات في الدول العربية نفسها وليس بخارجها لتقليل التكلفة الإجمالية للبوابات. كما يجب تطوير المناهج التعليمية لجميع المراحل لمواكبة عصر المعلومات وإدخال الانترنت في مجال التعليم وانشاء الجامعات الإفتراضية وضرورة اشتراك مراكز الدراسات والأبحاث في صناعة المعلومات.

لكن يتعين قبل كل هذا تفعيل دور الحكومات في بناء بنية تحتية قوية متمثِلة في وسائل حديثة من شبكات الاتصال وتوفير الانترنت ومراكز الأبحاث والتدريب واعتماد المعلومات والبيانات العلمية في حياة المجتمع. كما يجب على الدول بناء قاعدة معلوماتية لتبادل وتوفير المعلومات لإتخاذ القرارات السليمة، ولو أوردنا بعض الإحصائيات نجد أن مستخدمي الانترنت بالدول العربية يبلغ نسبة ضئيلة جدا من تعداد السكان بينما بالدول المتقدمة نجد أن مستخدمي الانترنت يبلغ 88% من تعداد السكان. وتفسير ذلك أن الدول المتقدمة بهذا المجال أوجدت البنية التحتية القوية وبأسعار في متناول الجميع وهكذا نرى الفرق الشاسع بين الدول العربية والدول الأخرى.

يمكن استخدام تكنولوجيا المعلومات والاتصالات ICT كأداة تعلم من خلال ما يلي:

- جمع المعلومات وتقويمها وتفسيرها.
- التقصي والبحث عن المعلومات.
- استخدام البرمجيات التعليمية.
- ابتكار عروض باستخدام الوسائط المتعددة.
- تصميم استبيانات كأداة تقويم.

تستخدم أجهزة الحاسوب والحاسبات اليدوية لجمع المعلومات الرقمية وتنظيمها وإحصائها. أما البرمجيات فإنها تستخدم لعرض المعلومات بيانيا بحيث يمكن تحليلها.

مفاهيم استخدام الحاسب الآلي وتكنولوجيا المعلومات والاتصالات

- الأجهزة
- نظام التشغيل
- البرامج
- البرمجة
- عمليات الطباعة
- اختيار أفضل التقنيات والبرمجيات
- الإلمام بعمليات الأداء للأجهزة والبرامج

معدات الحاسوب:

جهاز الحاسوب والطرفيات.

واجهات الحاسوب ومجسات ونابضات الحركة.

حاسبات الجداول والرسوم.

حاسبات الرياضيات.

البرمجيات:

الجداول البيانية، قاعدة معلومات، برمجيات الرسوم.

برمجيات تعليمية متنوعة

دور المعلم في تطوير أنشطة جمع المعلومات وتفسيرها وتقويمها:

- يتأكد من أن الطلبة يستطيعون تخزين البرمجية وتحميلها على جهاز الحاسوب.
- يقوم بالعصف الذهني للكلمات المفتاحية التي تساعد في البحث على الإنترنت.

- يضع طرقاً لتقويم التنبؤ المعتمد على نماذج تكون موضحة في المعلومات.
- يضع معايير ومقاييس لتقييم المشروع

التقصي والبحث عن المعلومات:

يمكّن التقصي في الإنترنت الطلبة من الحصول على المعلومات والمصادر الجديدة والحديثة في دراستهم، التي من خلالها يتوصلون إلى معلومات محددة. بحيث يقوم المعلم بالتدريس المباشر، أو يمكن للطلبة القيام بالبحث، ويحتاج الطلبة مهارات استخدام الحاسوب الأساسية، وكذلك القدرة على الدخول إلى الإنترنت.

التقصي أو البحث الموجه:

يتم إعطاء الطلبة عنوان موقع على الإنترنت ويتم إرشاد الطلبة حول كيفية الدخول إلى ذلك من خلال شاشة الحاسوب. بعد ذلك يستطيع الطلبة الوصول إلى المعلومات التي طلبت من قبل المعلم.

استخدام محرك البحث:

يتم إرشاد الطلبة إلى كيفية الوصول إلى (محرك البحث)، وهذا يعني أن البرمجيات التي لها ارتباط بالإنترنت لتحديد المعلومات بإعطاء الكلمات المفتاحية، تعطي قائمة بالمواقع التي لها علاقة بهذه الكلمات. عندئذٍ يقوم الطلبة بالوصول إلى المواقع المطلوبة وتقييمها.

دور المعلم فيما يخص أنشطة التقصّي والبحث

التأكد من أن الطلبة يستطيعون الدخول إلى الإنترنت.
التأكد من أن الطلبة يستطيعون طباعة عنوان الموقع والدخول إليه.
العمل مع الطلبة لمعرفة المعايير لتقويم مصداقية المواقع وتحديدها.
المناقشة مع الطلبة وتلخيص خطوات تحديد جودة الموقع وملاءمته.
المراجعة مع الطلبة حول طرق توثيــق المراجع والمصادر وخطورة انتحــال المعلومات.

وضع إرشادات للبحث في الإنترنت والتدرب على السيطرة على المواقع غير المناسبة.

إظهار كيفية استخدام أمر " المفضلات " للاحتفاظ بالمواقع المفيدة.

وضع معايير ومقاييس لتقييم المشروع.

ابتكار عروض باستخدام الوسائط المتعددة

إن العروض باستخدام الوسائط المتعددة تتطلب التنوع في معدات الحاسوب والبرمجيات التي تسمح بالتسجيل والتنظيم، وكذلك عرض المعلومات. ويمكن أن تشتمل هذه العروض على نصوص وصور وأصوات. وعن طريق الوسائط المتعددة يمكن للطلبة أن يقوموا بالآتي:

البحث عن معلومات متعلقة بالموضوع.

الاتصال والتواصل بطرق متعددة.

القيام بأعمال شبيهة لما يجري في مواقف الحياة.

وعلى الطلبة والمعلمين أن يختاروا التكنولوجيا الأفضل التي تحقق غاياتهم.

أما المعدات الأساسية التي يمكن للطلبة استخدامها فهي:

أجهزة الحاسوب.

ملحقات جهاز الحاسوب (الطرفيات):

الطابعات، الماسحات الضوئية، الكاميرات الرقمية، أجهزة العرض الرقمية.

المسجلات الصوتية.

أجهزة الفيديو المرئية.

أجهزة التلفزيون والفيديو.

استخدام الإنترنت والبريد الإلكتروني

اختيار البرمجيات بما في ذلك:

معالج النصوص، الناشر المكتبي، الجداول الإلكترونية، قواعد البيانات.

الصور، تصميم موقع على الإنترنت.

دور المعلم في أنشطة الوسائط المتعددة:

التأكد من أن الطلبة يستطيعون استخدام المعدات.

العصف الذهني للطلبة عن مدى استخدام البرمجيات في المشروع.

إيجاد معايير للتقييم.

إيجاد معايير للعمل في فرق.

الطلب إلى كل طالب إعداد جداول زمنية تبين خطة المشروع ومراحله.

إيجاد معايير لتحديد مواقع الإنترنت والرجوع إليها.

إيجاد أعراف وأنماط سلوكية للاتصال الإلكتروني.

– وضع سياسة لمشاركة الطلبة في استخدام المعدات.

البرمجيات التربوية وغيرها من البرمجيات:

تساعد أجهزة الحاسوب في عملية التعلم والتعليم في تطوير مستوى التدريس لتحقيق نتاجات المنهاج.

ويتم تصميم البرمجيات التربوية على وجه التحديد لاستخدام المدرسة، وغالباً لمنهاج محدد، إذ يتنوع هدف وغاية البرمجيات التربوية. فقد تركز على تطبيق مهارات محدودة، وقد تدعو إلى استكشاف مواضيع بمستويات عالية.

وهناك أدوات أخرى مصممة لغايات أكثر عمومية: كمعالج النصوص، والمراجع، التي يمكن استخدامها في تحقيق نتاجات المناهج.

والبرمجيات وجدت لتمكن المعلمين من توفير الآتي:

ممارسة المهارات مثل: القراءة والقواعد والرياضيات البسيطة والمفردات.

توضيح مفاهيم أساسية، كالزيارة الافتراضية للكواكب.

تمثيل الحياة في مواقف واقعية، كالتشريح في مبحث الأحياء.

مصادر مهمة للحصول على معلومات، كالموسوعة المتوافرة على شكل برمجية.

دور المعلم في استخدام البرمجيات:

التأكد من فاعلية البرمجيات في مساعدة الطلبة على تحقيق نتاجـات التعلم.

مراجعة استخدام البرمجيات.

مراجعة خطوات استخدام البرمجيات في الصف.

مراقبة كيفية استخدام الطلبة للبرمجيات وإعادة التعليم عند الحاجة.

التشـاور مع المعلمين الآخرين فيما يتعلق بالبرمجيات الفاعلة وتطبيقاتها.

تقويم عمل الطلبة.

تصميم استبيانات Questionnaires كأداة تقويم:

تستخدم استبيانات Questionnaires كأداة تقويم من مؤتمرات، أجتماعات وورش عمل.

ويتم تصميم الاستبانات وتوظيفها كأدوات للتقويم مـن خـلال اسـتخدام تكنولوجيـا المعلومـات

والاتصالات

ولتصميم استبانة اليكترونية نستخدم الانترنت والدخول مثلا إلى الموقع التالي

http://www.surveymonkey.com/

نموذج تقويم المؤتمر: Model evaluation Conference

التقويم العام	ممتاز	جيد جدا	جيد	متوسط	ضعيف
المعلومات المتاحة قبل المؤتمر					
المعلومات المتوفرة في الموقع الإلكتروني					
إجراءات التسجيل					
الاستراحات					
المعرض					
تسهيلات المؤتمر					
محتوى البرنامج					
تنظيم البرنامج					
الانطباعات بصفة عامة					

ملحوظات

Submit

الملاحق

نموذج التقويم الصفي*

الرقم	الاسم	السلوك	المشاركة في الأنشطة	الحوار والمناقشة	يدون الاجابات بشكل منظم	يتواصل مع زملائه بلغة سليمة	يتواصل بصريا مع جميع الطلاب والمعلم	قوي الشخصية	يطرح افكارا أو أسئلة	يجيب عن الاسئلة بدقة	متمكن من المادة	المحافظة على النظافة والترتيب

يقوم المعلم بكتابة أسماء الطلاب ويضع معيار لكل طالب بوضع علامة (✓) أو (✗) حسب أداء الطالب أو المجموعة.

سلم تقدير مقترح لتقويم أداء الطالب في مهارة التقديم

الرقم	الأداء	ممتاز	جيد	مقبول
-1	يستخدم لغة علمية صحيحة واضحة			
-2	يتواصل مع الآخرين لفظياً			
-3	يتواصل مع الآخرين بصرياً ، تعابير الوجه			
-4	يشارك أفراد المجموعة في الحوار والمناقشة			
-5	يستمع لأفراد الفريق			
-6	يتقبل آراء الآخرين والاحترام المتبادل			
-7	يتخذ القرارات المناسبة			
-8 -9	ينجز الأعمال المطلوبة منه ملحوظات المعلم			

سلم تقدير مقترح لتقويم مؤشرات أداء الطالب

الأداء	ممتاز	جيد جداً	جيد	مقبول	متوسط	ضعيف
يظهر امتلاكه للمعارف والمهارات المطلوبة ، ويحقق النتاجات التعلمية بشكل يفوق معايير المستوى التعليمي المحدد .						
يظهر امتلاكه للمعارف والمهارات المطلوبة ، ويحقق النتاجات التعلمية لمعايير المستوى التعليمي المحدد .						
يظهر امتلاكه لمعظم المعارف والمهارات المطلوبة ، ويحقق النتاجات التعلمية لمعايير المستوى التعليمي المحدد .						
يظهر امتلاكه لمعظم المعارف والمهارات المطلوبة ، ويقترب من تحقيق النتاجات التعلمية لمعايير المستوى التعليمي المحدد .						
يظهر امتلاكه لمعظم المعارف والمهارات المطلوبة بشكل محدد ، ويحقق الحد الأدنى المطلوب من النتاجات التعلمية لمعايير المستوى التعليمي المحدد .						
لم يظهر امتلاكه للحد الأدنى المطلوب من المعارف والمهارات المطلوبة ، ويتطلب خطة علاجية لاعادة توجيه تعلمه في المسار الصحيح .						

نموذج تقويم تجربة علمية

اسم الطالب:..................... التاريخ: .... / .... /

الصف: .... اليوم: ..، /..............

عنوان التجربة: .... (رقم) التجربة: ....

الهدف من التجربة: ....

الأدوات والمواد اللازمة:

....

خطوات العمل:

....

....

....

النتائج:

....

....

ملحوظات المعلم:

....

....

سجل وصف سير التعلم
بطاقة / نموذج رقم (1)

الاسم:................... الموضوع:................ التاريخ: ....
تسجيل انطباع أولي عن موضوع (شاهده ، أو سمع عنه ، أو شارك فيه)

```
...........................................................
...........................................................
...........................................................
...........................................................
...........................................................
...........................................................
...........................................................
...........................................................
...........................................................
...........................................................
...........................................................
...........................................................
```

ملحوظات المعلم:
....
....
....

سجل وصف سير التعلم
بطاقة / نموذج رقم (2)

الاسم:........................ الموضوع:.................. التاريخ: ....

تحليل ناقد لنص أو موضوع ما

....
....
....
....
....
....
....
....
....
....
....
....

ملحوظات المعلم:

....

....

....

سجل سير التعلم
بطاقة / نموذج رقم (3)

الاسم:............................ الموضوع:....................... التاريخ: ....

الهدف من النشاط:

....

....

الشيء الذي قمت بفعله:

....

....

تعلمت من النشاط:

....

....

أفادني هذا النشاط في تحسين مهاراتي في:

....

....

ملاحظاتي:....................	ملاحظات المعلم:
....	....
....	....
....	....
....	....
....	....
....	....

بطاقة / نموذج رقم (4)
مهارة الاستماع

الاسم:................... الموضوع:...................
المشكلة:................ التاريخ: ....

تسجيل انطباع أولي عن مشكلة في مهارة الاستماع

```
............................................................
............................................................
............................................................
............................................................
............................................................
............................................................
............................................................
............................................................
............................................................
............................................................
............................................................
............................................................
............................................................
```

رأي المعلم وملحوظاته:

....
....
....

نموذج من سلم التقدير اللفظي لكتابة الرسالة:

المجال	المستوى الأول	المستوى الثاني	المستوى الثالث
التواصل: يتضمن: الاستيعاب،وكمية التفاصيل، ورصانة المفردات ، والجمل .	تحوي فكرة أو فكرتين لم يتم تطويرهما . تستخدم مفردات غير دقيقة وغير ملائمة . تستخدم جملاً قصيرة وبسيطة أو ضعيفة التركيب أطول قليلا .	تحوي بعض الأفكار التي تم تطويرها بتعمق قليل . تستخدم مفردات ملائمة ودقيقة في معظمها . تستخدم جملاً طويلة نسبياً. وتتضمن تفاصيل جيدة.	- تحوي أفكار عديدة تم تطويرها بشكل جيد . - تستخدم مفردات معبرة وصحيحة . - تستخدم جملاً متنوعة مع تفاصيل مساعدة .
التنظيم: ويتضمن: تركيب الفقرات ، ووضوح النقاط الرئيسية ، بناء الرسالة من حيث الترويسة والنص والنهاية حسبما تتطلب الرسالة.	تم صياغة الأفكار في تراكيب بسيطة . النقاط الرئيسة غير واضحة. تفتقر إلى بناء الرسالة .	الأفكار كتبت على شكل فقرات. الأفكار الرئيسة واضحة نوعاً ما . يتوافر فيها التركيب العام للرسالة .	• تستخدم فقرات مصاغة بشكل جيد ذات بداية ومضمون ونهاية واضحة. • النقاط الرئيسة واضحة للقارئ . • التركيب العام للرسالة واضح جداً .
أصول الكتابة: ويتضمن: الإملاء ، القواعد ، الترقيم .	بها أخطاء واضحة تؤدي إلى صعوبة فهم الرسالة من القارئ .	تحتوي على أخطاء قليلة . تشتت الانتباه ولكنها لا تشكل صعوبة في القراءة والفهم من القارئ .	تحتوي على أخطاء قليلة أو نادرة في الإملاء والقواعد وعلامات الترقيم .

قائمة شطب مقترحة لتقويم أداء المعلم

الرقم	المعيار	نعم	لا
1-	شرحه واضح		
2-	يجيب على أسئلة الطلاب جميعها		
3-	يسرع في الشرح		
4-	يستخدم وسائل تعليمية في الشرح		
5-	يعيد الشرح إذا طلب منه أحد الطلاب		
6-	يقابل التلاميذ خارج الصف ويجيب على تساؤلاتهم		
7-	متمكن من مادته		
8-	حصته مشوقة		
9-	يسيطر على الحصة		
10-	يناقش جميع الطلاب		
11-	يحاول جاهدا إفهام الطلاب		
12-	محبوب		
13-	يضيع وقت الحصة في نقاش ليس له علاقة بالمادة		
14-	يعطي واجبات كثيرة		
15-	واجباته مناسبة وليس كثيرة		
16-	يجمع دفاتر الواجب ويعلق على كل دفتر		
17-	يصحح الواجبات في الحصة		
18-	اختباراته واضحة		
19-	يحل أسئلة الإختبارات في اليوم التالي ويوضح أخطاء الطلاب		
20-	ينوع في استراتيجيات التدريس والتقويم		

المعلم الذي يتبنى الاقتصاد المعرفي - صفٌّ محوره الطالب

المعايير	البداية	التطور	التطبيق
في الصف الذي محوره الطالب يقدم المعلم: واجبات تشجع التفكير الناقد وحل المشكلات.	واجبات لها إجابة واحدة محددة .	واجبات لها طرق حل عديدة، ولكن واحدة فقط منها صحيحة .	واجبات لها طرق حل مناسبة يمكن أن تقدم حلولاً مختلفة ومقبولة.
يعلّم ما يتناسب مع مستوى الطلبة وقدراتهم.	دروس قد لا تتوافق مع العديد من مستويات قدرة الطلبة في الصف .	دروس تتوافق مع احتياجات قدرة معظم الطلبة في الصف ومستوياتهم .	دروس تتوافق مع الاحتياجات المتنوعة لكل طالب على حدة .
يبتكر جواً من التعلُّم الصفي مع توقعات عالية لجميع الطلبة.	يتقبل الطلبة مسؤولية الحد الأدنى للعمل الجيد. يعد الطلبة إكمال الواجب أكثر أهمية من بذل جهد في نوعية العمل .	يتقبل الطلبة حاجة المعلم لعمل ذي نوعية جيدة وعالية . يظهر الطلبة بعض الجهد والاعتزاز بعملهم.	يعتز الطلبة بتقديم عمل ذي نوعية جيدة . يقوم الطلبة بجهد عظيم ويرغبون بعرض عملهم على الآخرين .
ينوّع في الوقت والواجبات بما يتلاءم وحاجات الطلبة.	يتوقع من جميع الطلبة أن يكملوا الواجب نفسه .	يُعطى للطلبة بعضاً من حرية اختيار الواجب المطلوب .	يمكن للطلبة اختيار الواجبات التي تتناسب ومستويات تحصيلهم وإنجازاتهم.

المعلم الذي يتبنى الاقتصاد المعرفي - تخطيط تعلُّم الطالب

المعايير	البداية	التطور	التطبيق
عند التخطيط يقوم المعلم بـِ: اختيار الأنشطة التي تتطلب قدرات عليا من التفكير	اختيار أنشطة تكون ضمن مستويات الطلبة من المعرفة والاستدعاء أو والاستذكار .	استخدام مدى محدد من مستويات التفكير.	اختيار أنشطة من مستويات متنوعة من التفكير لتحدّي قدرات الطلبة .
استخدام استراتيجيات تعلم متنوعة .	إظهار قدرة عامة على استخدام طرق مختلفة .	إظهار قدرة قوية في استخدام طرق تعلم مختلفة .	استخدام أنواع من طرق التعلم بشكل جيد تتناسب مع الأنماط المختلفة للتعلم لمعظم الطلبة.
الأخذ بالحسبان خلفية الطالب من التعلّم.	لا يأخذ بعين الاعتبار المعرفة السابقة للطلبة عند التخطيط .	استخدام التقويم التشخيصي أحياناً لتحديد التعلم السابق للطلبة .	التخطيط للدرس أوالحصة معتمداً على مستوى المعرفة والمهارة لكل طالب وفق التقويم التشخيصي .
الأخذ بعين الاعتبار معايير ومقاييس التقويم.	يقوِّم في نهاية الوحدة تقدم الطلبة في النتاجات.	يعتمد التقويم الختامي عند التخطيط .	يعتمد التقويم التشخيصي- والتكويني عند التخطيط.

أمثلة على التقويم المعتمد على الأداء

معظم هذه الأمثلة بمشاركة من زملائي المعلمين المشاركين في دورة World Links

- التربية الاسلامية:

أداة التقويم: سلم تقدير

التقدير	4	3	2	1	أداء الطالب
	دائماً	غالباً	احياناً	نادراً	يحفظ النصوص الشرعية
	متضامن	متعاون	متعاون جيد	غير متعاون	العمل الجماعي
	دائماً	غالباً	احياناً	نادراً	يفهم النصوص الشرعية
	دائماً	غالبا	احيانا	معدوم	الأدلة الشرعية
	ممتاز	جيدة	مقبول	ضعيف	المناقشة
	دائماً	غالباً	احياناً	نادراً	يطبق القواعد والمبادئ الإسلامية

- **اللغة العربية:**

أداة التقويم: سلم تقدير

سلم تقدير مقترح لتقويم أداء الطالب في مهارة الاداء القرائي

الرقم	الأداء	ممتاز	جيد	مقبول
1-	يقرأ بسرعة مناسبة لا تخل بالمعنى والفهم .			
2-	يقرأ قراءة سليمةً تامة الضبط .			
3-	يراعي موضع علامات الترقيم .			
4-	يشارك في المناقشات التالية للقراءة بما يدل على فهم المقروء .			
5-	يستمع للآخرين .			
6-	يميز بين الأفكار الرئيسة والجزئية في النص .			
7-	يفسر المفردات مستفيداً من دلالة السياق .			
8-	يقرأ الكلمات مخرجاً الحروف من مخارجها الصحيحة .			
9-	يميز أخطاء الآخرين في القراءة ويصوبها.			

- **اللغة العربية:**

أداة التقويم: سلم تقدير

سلم تقدير مقترح لتقويم أداء الطالب في مهارة المناظرة

الرقم	الأداء	ممتاز	جيد	مقبول
1-	يحاور جيداً راداً في الوقت المناسب بسرعة مناسبة .			
2-	يدافع عن وجهة نظره ولا يستسلم بسهولة .			
3-	يدعم آراءه بالأدلة ووالبراهين .			
4-	يترك الفرصة لبقية أعضاء الفريق للمناقشة ولا يسيطر بمفرده.			
5-	تعكس ردوده سرعة البديهة والخاطر .			
6-	يستخدم معارفه وثقافته لدعم مواقفه وإجاباته .			
7-	يتمتع بثقة وجرأة في طرح آراءه وتفسيرها.			
8-	يستخدم اللغة السليمة في مناظرته ويستشعر قوتها .			
9-	يحترم آراء الآخرين ولا يسفّه مما يسمع .			
10-	يتقبل النقد والحكم العام بعد المناظرة بروح رياضية .			

– الاجتماعيات: الموضوع / الصخور

أداة التقويم: سلم شطب

لا	نعم	المعيار	الرقم
		يعرف مفهوم التصحر	1
		يفرق بين التصحر والجفاف	2
		يفرق بين التصحر والصحراء	3
		يستنتج الآثار السلبية للتصحر	4
		يذكر العوامل المسببة للتصحر	5
		يصنف عوامل التصحر إلى عوامل مباشرة وعوامل غير مباشرة	6
		يفسر العلاقة بين العوامل المسببة للتصحر	7
		يبين دور التلوث في زيادة ظاهرة التصحر	8
		يوضح طرق مكافحة التصحر	9

قائمة شطب لتقويم أداء المجموعات في أثناء تنفيذ النشاط .

المعيار	نعم	لا
1- حسن توزيع المهام بين أفراد المجموعة.		
2- وصفت المجموعة المظهر العام المميز لكل عينة.		
3- تعرّفت المجموعة إلى العينات بمقارنتها بالصور التوضيحية.		
4- حدّدت العينات الصخرية المتفاعلة مع الحمض.		
5- حدّدت العينات الصخرية ذات الطعم المميز.		
6- رتّبت العينات اعتماداً على درجة قساوتها.		
7- رتّبت المجموعة نتائجها بأسلوب منظم يُسهّل مناقشتها.		

- اللغة الانجليزية

Evaluation :Describe to the learners how their performance will be evaluated. Specify whether there will be a common grade for group work vs. individual grades.

	Beginning 1	Developing 2	Accomplished 3	Exemplary 4
Stated Objective or Performance	**Description of identifiable performance characteristics reflecting a beginning level of performance.**	**Description of identifiable performance characteristics reflecting development and movement toward mastery of performance.**	**Description of identifiable performance characteristics reflecting mastery of performance.**	**Description of identifiable performance characteristics reflecting the highest level of performance.**

Stated Objective or Performance	Description of identifiable performance characteristics reflecting a beginning level of performance.	Description of identifiable performance characteristics reflecting development and movement toward mastery of performance.	Description of identifiable performance characteristics reflecting mastery of performance.	Description of identifiable performance characteristics reflecting the highest level of performance.
Stated Objective or Performance	Description of identifiable performance characteristics reflecting a beginning level of performance.	Description of identifiable performance characteristics reflecting development and movement toward mastery of performance.	Description of identifiable performance characteristics reflecting mastery of performance.	Description of identifiable performance characteristics reflecting the highest level of performance.
Stated Objective or Performance	Description of identifiable performance characteristics reflecting a beginning level of performance.	Description of identifiable performance characteristics reflecting development and movement toward mastery of performance.	Description of identifiable performance characteristics reflecting mastery of performance.	Description of identifiable performance characteristics reflecting the highest level of performance.

- الفيزياء

سلم تقدير مقترح لتقويم أداء الطالب لمادة الفيزياء

	ممتاز 4	جيد جداً 3	جيد 2	مقبول 1
العمل التعاوني	ملتزم بالمواعيد يساعد زملاؤه يحترم أراء زملاؤه يقوم بدوره كاملاً	ملتزم بالمواعيد عادة يساعد زملاؤه يحترم أراء زملاؤه يقوم بدوره كاملاً	ملتزم بالمواعيد يساعد زملاؤه بعض الأحيان يحترم أراء زملاؤه يقوم بدوره	ملتزم بالمواعيد يساعد بعض زملاؤه يقاطع زملاؤه يقوم بدوره
استخدام التكنولوجيا	يستخدم صور متحركة في التقرير يستخدم مهارة البحث عبر الإنترنت والمصادر	يستخدم صور متحركة في التقرير يستخدم مهارة البحث عبر الإنترنت	يستخدم صور متحركة في التقرير يستخدم المصادر	يستخدم صور في التقرير يستخدم المصادر
استيعاب المفاهيم الفيزيائية	التمثيل الصحيح للمفهوم (أشكال بيانية ، كلمات ، جداول ، معادلات) الحسابات الصحيحة مع الوحدات . وصف الظواهر الطبيعية بلغة فيزيائية سليمة .	التمثيل الصحيح للمفهوم (أشكال بيانية ، كلمات ، جداول ، معادلات) الحسابات الصحيحة. وصف الظواهر الطبيعية بلغة فيزيائية سليمة	التمثيل الصحيح للمفهوم (أشكال بيانية ، كلمات ، جداول ، معادلات) الحسابات الصحيحة. وصف الظواهر الطبيعية بلغة فيزيائية غير سليمة سليمة	التمثيل الصحيح للمفهوم (أشكال بيانية ، كلمات ، جداول ، معادلات) الحسابات الصحيحة. وصف الظواهر الطبيعية

- الحاسوب :

أداة التقويم: سلم تقدير

	دائماً	غالباً	أحياناً	نادراً
التوثيق	يوثق دائما	يوثق احيانا	يوثق نادرا	لايوثق
طريقة العرض	واضحة جدا	واضحة	متوسطة الوضوح	قليلة الوضوح
التصميم	الانتقال بسهولة ويسر	يواجه صعوبة في الانتقال	ينتقل بصعوبة	ينتقل بصعوبة
العمل الجماعي	متعاون جدا	متوسط التعاون	قليل	نادر جداً
استخدام الصور	بشكل وافي	متوسط	قليل	نادر جداً

- العلوم:

سلم تقدير مقترح لتقويم أداء الطالب في أثناء تنفيذ النشاط

معايير التقويم	ضعيف	جيد	ممتاز
المناقشة والحوار	لا يناقش	يناقش مع المعلم فقط	يناقش بفاعلية مع المعلم والطلاب
دور الطالب	دور الطالب ضعيف	دور الطالب في معظم المراحل واضح ومحدد	دور الطالب واضح ومحدد وفعال
الزمن	بعض مراحل العمل مقسمة زمنياً	مراحل العمل مقسمة زمنيا ولكن ينقصها الدقةً	جميع مراحل العمل مقسمة زمنيا وبدقةً
العمل الجماعي	الطلاب غير متوافقين وبعض الطلاب لم يشاركوا في العمل	الطلاب يظهروا عمل جماعي جيد ، ولكن لا يدعمون أفكار بعضهم	هناك تواصل بين الطلبة، ويعملون معا في المجموعات ويدعمون أفكار بعضهم
استخدام التكنولوجيا	استخدام قليل وغير كاف للإنترنت والبرامج التطبيقية	استخدام واضح للإنترنت والبرامج التطبيقية	استخدام واضح للإنترنت والبرامج التطبيقية ووسائل العرض المختلفة وبشكل فعال

المهارات المتضمنة في الاستقصاء

القـــــدرات	جيدجداً	جيد	مقبول
القياس			
تسجيل النتائج			
الاستنتاج			
تتبع الخطوات			
الملاحظة			
التخطيط للتجارب			
استخدام الأجهزة			
تفسير النتائج			
ضبط المتغيرات			
التقييم			
تحديد مصادر الخطأ			
اختيار الأجهزة المناسبة			
التوصل إلى نمطية			
إجراء الاستقصاء			
التعامل مع مصادر الخطأ			
صياغة الفرضيات			
تحديد الهدف من النشاط العملي			
تعرف محددات الخطوات التجريبية			
اقتراح تجارب إضافية			
إجراء عمليات حسابية			
عمل رسومات أو أشكال			
التطبيق والاستخدام			

			استخدام المراجع
			معالجة مشاكل تقنية
			تنظيم الأفكار ونقلها بسهولة
			العمل التعاوني
			الاتصال

قائمة المصطلحات

الأداء :Performance

واجب يتطلب من المتعلم أن يبدي إنجازه بمهارة ما عن طريق إبداعاته وابتكاراته وإظهاره لتطور إنتاجه أو أدائه .

الاختبار النهائي Final Examination

هو الاختبار الذي يعده المعلم أو مجموعة من المعلمين بعد الانتهاء من دراسة محتوى المنهج، وغالباً ما يكون على هيئة أسئلة مقالية أو موضوعية أو مهمات شاملة لجميع مستويات الأهداف.

اختر الإجابة (إجابة مختارة) Select-Response :

أسلوب تقييمي يستخدم به القلم والورقة حيث يقوم الطالب باختيار إجابة صحيحة واحدة. ويستخدم هذا الأسلوب عادة لاستعادة واستذكار المعلومات .

البرمجيات Software :

برامج تستخدم في الحاسوب مثل مايكروسوفت وورد (Microsoft Word)

برمجيات إعداد الشبكة Web authoring software:

برمجيات تستخدم لإعداد صفحات الإنترنت .

برمجيات العرض Presentation software :

برمجيات تستخدم لإنتاج وإيجاد عرض للشرائح مثل البوربوينت (PowerPoint) .

البريد الإلكتروني E-mail :

نظام إلكتروني لتمرير الرسائل من جهاز كمبيوتر لآخر .

البطاقات الخاطفة Flash Cards

أداة تعليمية تستخدم عادة لاستذكار المعرفة حيث يستجيب الطلبة للبطاقات التي يعرضها المعلم .

تحديد الهدف Goal-Setting:

عبارة عن نشاط يقوم به المعلم أو الطالب بوضع أهداف وبعدها يقوم بمراقبة وتأمل تقدمه .

التدريس المباشر Direct Instruction :

درس مصمم وموجه من قبل المعلم تقدم فيه المادة عن طريق طرح الأسئلة .

الإستراتيجية التعليمية Teaching Strategy

هو، كل ما يتعلق بأسلوب توصيل المادة للطلاب من قبل المعلم لتحقيق هدف ما، وذلك يشمل كل الوسائل التي يتخذها المعلم لضبط الصف وإدارته؛ هذا وبالإضافة إلى الجو العام الذي يعيشه الطلبة ، والتي تمثل الواقع الحقيقي لما يحدث داخل الصف من استغلال لإمكانات متاحة، لتحقيق مخرجات تعليمية مرغوب فيها.

التدوير Carousel:

نشاط تعلمي يقوم الطلبة من خلاله بالعمل ضمن مجموعات دوارة تنتقل إلى محطات عمل مختلفة حيث يقومون بعمل واجبات معينة في كل محطة عمل ثم ترسلها إلى المجموعة التالية الزائرة لمحطة العمل .

التطوع التناظري Peer volunteers:

الطلبة الذين يساعدون طلبة آخرين في تعلمهم .

التعلم التعاوني Cooperative Learning:

استراتيجية تعليم يقوم الطلبة بالعمل ضمن مجموعات لمساعدة بعضهم الآخر في التعلم بقصد تحقيق هدف مشترك أو واجب ما، لكن يتوقع من كل طالب أن يبدي مسؤولية في التعلم وأن يتولى العديد من الأدوار داخل المجموعة .

التعلم المسبق Prior learning :

كل ما اكتسبه الطالب من معرفة أو مهارات أو فهم قبل عملية التعلم .

التعميمات: Generalizations

التعميم هو جملة تصف علاقات أو مجموعة من الأحداث والحقائق تحدث بانتظام في الطبيعة .

وقد يأخذ التعميم إحدى الصور الثلاث التالية:

*إذا انطبق التعميم على جميع الحالات المماثلة في كل الأمكنة والأزمنة يُطلق عليه.

اسم المبدأ – Principle

* أما إذا انطبق التعميم في ضوء شروط معينة فإنه يطلق عليه اسم القانون – Law

* إذا كان التعميم في مرحلة الاختبار، أي أن احتمال صدقه أو عدم صدقه واردان، فإنه يُطلق عليـه

اسم الفرض – Hypothesis

التفكير الناقد Critical Thinking :

استراتيجية تعليم تعنى بتطوير مهارات التحليل والتقييم والانعكاس.

التقويم: Evaluation

عملية الحكم على نوعية عمل الطالب بالاعتماد على معايير مؤسسة ، وذلك بتحديـد قيمة معينة

(مثل العلامة) لتمثل القيمة النوعية للعمل ويتولى المعلم مسؤولية التقويم .

التقويم التكويني : Formative assessment

وهي العملية التي يستخدمها المعلم لمعرفة واختبار الفهم لدى الطلبة وعادة ما يكون ذلك خلال

الحصة . كما أن المعلومات التي يتم الحصول عليها من خلال هذا التقييم تستخدم لتكوين أنشطة

التعلم والتدريس . إن هذه التغذية الراجعة تسـاعد المعلم ليعتمـد فـيما إذا كـان مـن الضـروري

إعادة نتاجات المنهاج باستخدام أسلوب آخر.

التقويم الواقعي Authentic Assessment:

وهو تقويم يهتم بجوهر عملية التعلم ، ومدى امتلاك الطلبة للمهارات المنشودة ؛ بهدف مساعدتهم جميعاً على التعلم في ضوء محكات أداء مطلوبة

التقويم النهائي Summative Assessment :

شكل من أشكال التقييم يهدف إلى إظهار كيفية اندماج الطلبة ونتاجات المنهاج . يتم إجراء مثل هذا التقييم بعد مرور فترة من الزمن .

التقويم المعتمد على الأداء(Performance – based Assessment):

يتطلب التقويم المعتمد على الأداء من الطالب أن يوضح تعلمه من خلال توظيف مهاراته في مواقف حياتية حقيقية ، أو مواقف تحاكي المواقف الحقيقية .

التقويم المتجاوب Responsive Evaluation

يعتمد في منهجية جمع المعومات للتقويم فغرض التقويم في هذا النموذج يقوم على مساعدة المستفيد على تحديد نقاط الضعف والقوة في البرامج والتعامل معها، وليس التأكد فقط من تحقيق الأهداف. من خلال إجراءات تقوم على الملاحظة المباشرة والتحدث إلى الناس والاستماع غليهم في ظروف طبيعية Naturalistic وغير مصطنعة وتفسير ما .

تقويم بيرت PERT

والاسم الكامل له Program Evaluation and Review Technique وهو أسلوب مراجعة وتقويم البرامج وهو يركز اهتمامه للبرنامج أثناء التنفيذ المتابعة الفعالة للتأكد من سير عملية التنفيذ وفقا للبرنامج الزمني المرسوم المحدد.

تقويم العمليات Process Evaluation :

يتم التقويم خلال فترة تطوير البرنامج وذلك للتأكد من مدى ملائمة المقاربات والإجراءات التي سيتم استخدمها في البرنامج، ويعتبر فحص توظيف وتطبيق نشاطات البرنامج جانبا هاما من جوانب تقويم العملية .

تقويم النتائج Impact Assessment

هو تحديد نتائج البرنامج المقابل النتائج المتوقعة. وتعتبر التجارب الميدانية العشوائية هي الأسلوب المتبع لتقييم النتيجة لأنها عندما تجر جيد فإنها تعطي النتائج الأكثر ثبات وصدق حول أثار البرنامج

التقييم Assessment :

عملية مستمرة تهدف إلى تحسين كل من تعلم الطالب وعملية التدريس، ينبغي على الطالب والمعلم أن يشاركا في عملية التقييم بهدف تحسين تعلم الطالب .

التقييم التناظري Peer Assessment :

هو تحليل بناء وناقد لعمل الطالب ويتم من قبل طلبة آخرين .

التقييم الذاتي للطالب Student Self-Assessment:

هو تحليل المتعلم الذاتي لتعلمه وتطوره نحو نتاجات التعلم ، كي تؤدي إلى معرفة ناضجة ومطوَّرة ذاتياً .

التقييم العادل Fair Assessment:

هو عبارة عن ممارسات التقييم والتقويم الشامل التي تلي مجموعة من القوانين المتفق عليها لكي يتم إعطاء الطالب أفضل فرصة مناسبة لإظهار إنجازه أو تحصيله .

تقييم تشخيصي Diagnostic Assessment:

هو عبارة عن تقييم أولي لمعرفة مستوى فهم الطلبة وقدرتهم على العمل قبل أن يقوم المعلم بتصميم عملية التعلم والتعليم .

تكنولوجيا التعليم – Technology Education

وتتمثل في الوسائل السمعبصرية وأجهزتها وتجهيزاتها وخدماتها المطبقة في عالم التربية.

تكنولوجيا المعلومات : Information technology

مجموعة من الأدوات التي تساعدنا في استقبال المعلومة ومعالجتها وتخزينها... بشكل الكتروني باستخدام الحاسوب . ومن هذه الأدوات الحاسوب والطابعة والأقراص والشبكات المحلية والداخلية والدولية مثل الانترنت والانترانت وغيرها.

تكنولوجيا الاتصال: Communication technology

وتتمثل في الألياف البصرية ووصلات المايكرويف والأقمار الاصطناعية وهوائيات الاستقبال والهواتف النقالة.

التكنولوجيا الرقمية: Digital technology

وهي التي تمكن الإنسان من خلالها تحويل كافة مواد تكنولوجيات التعليم والمعلومات والاتصال التماثلية والتقليدية إلى أشكال رقمية مثل المواد والوسائل التعليمية كالشفافيات والشرائح والمجاهر والصور.

تكنولوجيا المعلومات والاتصالات ICT:

تكنولوجيا المعلومات والاتصالات .

الحقائق Facts:

هي عبارات مثبتة موضوعياً عن أشياء لها وجود حقيقي أو أحداث وقعت فعلاً، فالحقيقة هي وصف أو تسجيل لحدث واحد مفرد أو وصف لملاحظة واحدة مفردة سواء تمت الملاحظة بصورة مباشرة أو غير مباشرة .

حاسبات الجداول والرسوم Spreadsheet:

برمجيات على شكل شبكة حيث يتم تخزين وإنتاج نصوص وأرقام ومعادلات رياضية يمكن تخزينها وابتكارها، كما تستخدم في ابتكار الرسومات على الحاسوب .

حل المشكلات Problem Solving:

أسلوب تعليمي يتم من خلاله إعطاء الطالب قضايا ومسائل من الحياة ويطلب منه تمحيصها ومعالجتها، إن مثل هذا الأسلوب يشجع الطالب على التفكير بمستوى عالٍ .

خريطة مفاهيمية Concept Map:

أسلوب مرئي يمثل تداخل العلاقة بين الأفكار عن طريق ترتيب المعلومات على شكل خلايا يتم ربطها مع بعضها بعضاً بالأسهم أو الخطوط .

الربط السريع High speed connectivity:

نظام شبكة الإنترنت الذي يمكن من نقل سريع وموثوق للنصوص والصور والأصوات .

السجل القصصي Anecdotal Record :

وصف مختصر يكتبه المعلم لرصد سلوك الطالب والموقف الذي تم ملاحظته فيه، فعلى سبيل المثال ، قد يسجل المعلم كيفية عمل الطالب في مجموعة ما .

سجل وصف سير التعلم Learning Log :

سجل يتم تدوين المعلومات فيه بانتظام ويكتبها الطالب خلال فترة زمنية في الوقت الذي يقوم فيه الطالب بحل وظائفه وواجباته .

سلم التقدير Rating Scale :

أداة بسيطة تشير إلى أن مهارة الطالب عالية أو متدنية وتظهر أيضاً درجة المهارات والمفاهيم والمعرفة والسلوكات التي تمت وملاحظتها .

السلم اللفظي Rubric:

عبارة عن سلسلة من الوصف المختصر ـ تظهر أداء الطالب على مستويات متعددة . إن هذا الأسلوب يشبه إلى حد ما ميزان سلم التقدير إلا أنه يتميز بكونه أكثر تفصيلا.

الشبكة Jigsaw:

أسلوب تعلمي حيث يعمل الطلبة بشكل مجموعات رئيسية (الأم) ومن ثم ينقسموا إلى مجموعات متخصصة ليتمكنوا من إكمال الواجب المطلوب ، ويتبادلوا المعلومات المتوافرة لديهم قبل عودتهم للمجموعة الأم ليتبادلوا ويشتركوا أيضا فيما توصلوا إليه .

شبكة Network:

مجموعة من أجهزة الحاسوب تكون مربوطة مع بعضها بعضاً بحيث يتم الاتصال فيما بينها أو ملحقات هذه الأجهزة من أدوات مثل الطابعة أو الماسح الضوئي .

الشبكة الداخلية Intranet:

شبكة متداخلة من أجهزة الحاسوب ضمن المدرسة أو المؤسسة الواحدة .

الشبكة الدولية (الإنترنت) Internet:

عبارة عن ربط ملايين من أجهزة الحاسوب في جميع أنحاء العالم ضمن شبكة واحدة .

صفحة إنترنت Web page:

صفحة معلومات موجودة على موقع الإنترنت .

– المفاهيم: Concepts

المفهوم هو تجريد للعناصر المشتركة بين عدة حقائق، وعادة يُعطى هذا التجريد اسماً أو مصطلحاً أو رمزاً . وكل مفهوم له مدلول أو معنى معين أو تعريف يرتبط به .

الطالب هو محور التعلم Student Centered Learning:

طريقة تدريس تأخذ بعين الاعتبار التنوع في الأساليب التي تجعل الطالب يقترب بشكل فردي من التعلم . إن هذا الأسلوب يعد إيجابياً وفعالاً ويستخدم العديد من أساليب التدريس التي تتلاءم مع حاجات الطلبة المختلفة . إن الربط مع الأمور الحياتية اليومية هو المكون الأساسي لهذا الأسلوب التعليمي .

الطاولة المستديرة Round Robin :

أسلوب تعلمي تعاوني حيث يقوم الطلبة بأخذ أدوارهم بالتناوب والمساهمة في الإجابة داخل المجموعة .

العرض Presentation:

واجب يمكن أن يستخدم للتقييم حيث يترجم الطلبة معرفتهم إلى كلمات أو أعمال مرئية كي يظهروا ملخصاً لتعلمهم .

العروض المتعددة الوسائط Multimedia presentations:

دمج العديد من البرمجيات والمعدات كي تسمح بالتسجيل والتنظيم وعرض المعلومات. مثل هذه العروض يمكن أن تشمل نصوصاً وصوراً وأصواتاً.

عنوان البريد الإلكتروني E-mail address:

عنوان ترسل إليه الرسائل الإلكترونية ويتم معرفته عن طريق الرمز @.

العوامل الخارجية Bias:

هي عوامل تدخل في عملية التقييم وتؤثر في نتائجها ، ولكنها لا ترتبط بمستوى اكتساب الطالب للمعرفة أو المهارات أو حتى استيعابه للمفاهيم .

فكر، انتق زميلا ، وشارك Think، Pair، Share :

استراتيجية تعليم حيث يقوم الطلبة بدراسة موضوع معين بشكل فردي ، ومن ثم يتم تبادل وجهات النظر والأفكار مع طالب آخر ، ومن ثم يقوم الطلبة بتشكيل مجموعة أكبر نسبيا لتبادل الأفكار ثانية .

قائمة الرصد Checklist:

عبارة عن قائمة بالأنشطة التي يقوم بها المعلم أو الطالب حيث يتم شطب الأعمال الجارية ، أو قائمة بالخصائص التي يشطبها المعلم أو الطالب أثناء الملاحظة .

قاعدة بيانات Database:

برمجيات ذات معلومات مخزنة على شكل سجلات .

قرارات التخطيط Planning Decisions :

هي القرارات التي تخص وتؤثر باختيار الأهداف

قرارات البناء Structuring Decisions :

هي التي تؤكد وتحدد الإستراتيجيات والتصاميم الإجرائية لتحقيق الأهداف.

قرارات التنفيذ:Implementing Decisions

هي التي توفر وسائل التنفيذ؛ لتنفيذ الاستراتيجيات والمناهج والتصاميم

قرارات التغذية العكسية Recycling Decisions:

هي التي تحدد استمرارية أو تعديل أو إلغاء النشاط أو البرنامج نفسه.

القرص الصلب Hard Drive:

عبارة عن قرص ممغنط في الحاسوب يتم تخزين المعلومات عليه واستعادتها .

القرص اللين Floppy Disc :

عبارة عن قرص ممغنط صغير بحجم (3.5) إنش لتخزين المعلومات .

قرص مضغوط CD-Rom:

عبارة عن قرص صغير لتخزين المعلومات ويستخدم لمرة واحدة فقط و(ROM) تشير إلى (اقرأ الذاكرة فقط) .

قرص مضغوط للقراءة والكتابة CD-RW:

عبارة عن قرص صغير لتخزين المعلومات ويمكن أن يستخدم لإضافة أو تغيير المعلومات المدخلة سابقاً RW. تشير إلى (اقرأ واكتب) .

القياس Measurement :

هو وصف كمي لمقدار السمة التي يمتلكها الفرد،

كاميرا رقمية Digital Camera:

هي كاميرا تسمح بتخزين الصور مباشرة عليها دون فيلم حيث يمكن إيصالها مع جهاز الحاسوب لنقل الصور وعرضها . وفي الوقت الحاضر تم إضافة كاميرا رقمية Digital Camera لنوع من المجاهر يسمى المجهر الرقمي

مؤتمر Conference:

عبارة عن لقاء بين المعلم والطالب يكون التركيز الواضح فيه على التعاون والتقييم والتعلم الموجه.

ما وراء المعرفة Metacognition:

أسلوب تعليم حيث يفكر الطلبة بما يدور في أذهانهم ويراقبوا تعلمهم .

متصفح الشبكة Web browser:

برنامج يمكّن من قراءة وثائق الـ ((WWW مثل المتصفح أو المستكشف (Navigator، (Explorer .

المصداقية Validity :

تشير إلى جدوى معلومات التقييم لتعلم الطالب وفاعليتها وفائدتها . ومن الضروري التأكد من أن محتوى التقييم يتناسب مع محتوى التعلم ، وأن يكون الطالب قادرا على أن يبدي ويظهر إنجازه من خلال أسلوب التقييم . إن المعلمين الذين يتوسعون في استخدام أساليب متنوعة يطورون مصداقية وجدوى التقويم .

معالج النصوص Word processor :

برمجيات تستخدم لطباعة النصوص .

معدل التعلم Rate of learning:

يشير إلى نسبة التقدم التي يتعلم بها الطالب .

المفضلات Bookmark or favorite:

طريقه لتخزين المواقع المفضلة على شبكة الإنترنت بحيث يسهل الوصول إليها فيما بعد .

مقالة Essay:

قطعة مكتوبة يمكن أن تستخدم للتقييم بحيث يستطيع الطالب مناقشة سؤال أو موضوع لإظهار المعرفة والفهم .

المعيار (Standard):

هو جملة يستند إليها في الحكم على الجودة في ضوء ما تتضمنه هذه الجملة من وصف لما هو متوقع تحققه لدى المتعلم من مهارات، أو معارف، أو مهمات، أو مواقف، أو قيم واتجاهات، أو أنماط تفكير، أو قدرة على حل المشكلات واتخاذ القرارات.

الملاحظة : Observation

مشاهدة الطلبة وتسجيل الملحوظات عنهم بطريقة منظمة بقصد اتخاذ القرارات التي تهم المراحل التالية من عملية التعلم والتدريس .

ملف الطالب : Portfolio

عبارة عن تجميع عينات من عمل الطلبة يتم اختيارها لإظهار النمو والتطور لعمل الطلبة مع مرور الوقت ، ويجب أن يكون الطالب معنياً باختيار العمل الذي سيتم إرساله إلى ملفه وذلك لأن الطالب يستفيد من تقييمه لكل جزء من هذا العمل ، ويقرر لماذا سيضع أو لا يضع ذلك العمل في ملفه .

المناقشة ضمن فريقPanel Discussion :

أسلوب تعليم حيث يطلب من الطلبة أن يقدموا عرضاً أو تقارير ليتم تعيين مجموعة طلابية للبحث في موضوع معين ، ومن ثم الجلوس معاً لعرض نتائجهم . وعلى كل طالب أن يقدم عرضاً قصيراً قبل فتح باب النقاش .

المواد اليدوية Manipulative Materials

مصادر التعلم الملموسة والمحسوسة .

موقع الإنترنت Website:

مجموعة من صفحات الإنترنت تكون ملك شخص أو مؤسسة .

المناقشة / المناظرة : Debate

لقاء بين فريقين من المتعلمين للمحاورة والمناقشة حول قضية ما .

المنهج (Curriculum):

مجموعة الخبرات التربوية التي توفرها المدرسة للمتعلمين داخل المدرسة وخارجها من خلال برامج دراسية منظمة بقصد مساعدتهم على النمو الشامل والمتوازن، وإحداث تغيرات مرغوبة في سلوكهم وفقاً للأهداف التربوية المنشودة.

الناشر المكتبي Desktop publisher:

برمجيات تستخدم لطباعة الصحف والرسائل الإخبارية والنشرات التعريفية حيث يمكن دمجها بالصور.

النتاجات Outcomes:

عبارات محددة حول معرفة الطلبة ومهاراتهم وقيمهم وفهمهم والمتوقع منهم أن يظهروها كنتيجة لعملية التعلم .

النظرية Theory:

النظرية بناء متكامل من: حقائق ومفاهيم وتعميمات.

نظام التشغيل Operating system:

عبارة عن البرمجيات التي تمكن المعدات والبرمجيات من العمل مثل نظام ويندوز 2000 (Windows 2000) .

نظام الزمالة Buddy System:

استراتيجية تعليم يقترن فيها طالب أنهى تعلم النتاجات التعلميه المرغوب فيها مع طالب آخر لا يزال منخرطاً في تعلمها .

نمط تعلمي Learning Style:

أسلوب التعليم المفضل لدى الطالب مثلا: يفضل بعض الطلبة بيئة تعلمية تكون مصممة بشكل عالي المستوى حيث يستطيع الطالب استعادة المعلومات بينما يفضل الآخرون التحكم والسيطرة بتعلمهم والمناقشة بدلا من الحفظ .

نموذج Exemplar :

عينة لتعلم الطالب تظهر إنجاز أحد النتاجات أو مجموعة من النتاجات لتلبي مقياساً محدداً من هذا الإنجاز.

نموذج المواءمة The Discrepancy Model

اقترح هذا النموذج مالكوم بروفس الذي عرف التقويم بأنه في وصف الفـروق بـين التوقعـات مـن برنامج ما والأداء الفعلية له .

الورقة والقلم: (Pencil and Paper)

من استراتيجيات التقويم: مثل المقالات الاختبارات القصيرة ، الامتحانات لجمع أدلـة حـول تعلـم الطالب .

وسائل حسية متعددة Multi–sensory materials:

مصادر للتعلُّم تقود أكثر من حاسة وتحركها مثال (المصادر الحسية والملموسة في الرياضيات) .

يوميات الطالب : Response Journal

عبارة عن تجميع التأملات والأفكار والملحوظات والتفسيرات الشخصية التي يكتبها الطلبة حول مـا قرأوه أو شاهدوه .

المراجع:

أولاً: الكتب العربية:

1. أبو جادو , صالح محمد علي ,(2005) علم النفس التربوي .

2. جابر، عبد الحميد جابر، مناهج البحث في التربية وعلم النفس، الطبعة الثانية، القاهرة، دار النهضة العربية، 1987 .

3. جبار ، عبد الحميد 2002 ، اتجاهات معاصرة في تقويم أداء التلميذ ، دار الفكر العربي ، القاهرة.

4. دعمس ، مصطفى نمر ، الاستراتيجيات الحديثة في تدريس العلوم ، الاردن– عمان ، دار غيداء 2007.

5. دعمس ، مصطفى نمر ، الطرائق الحديثة لتطوير المناهج وأساليب تدريسها ، الاردن– عمان ، دار غيداء 2007.

6. د. رمزية الغريب ، القياس النفسي والتربوي ، جامعة عين شمس ، القاهرة/ مكتبة الأنجلو ، 1981.

7. د. سامي عارف ، أساسيات الوصف الوظيفي ، عمان/ دار زهران للنشر والتوزيع 2007 .

8. د. سبع أبو لبدة – ، مبادئ القياس النفسي والتقييم التربوي للطالب الجامعي والمعلم التربوي ، 2000.

9. د. فريد أبو زينة ، علم التربية واصول تدريسها ، 1986.

10. د .فهد الدليم ، ود .عبدالله عبد الجواد ، ود. محمد عمران . – أسس ومفاهيم القياس والتقويم في مجال التعليم: الرياض ط 2 1997م.

11. د. محمد الحاج خليل – التقويم الذاتي في التربية – المؤسسة العربية للدراسات والنشر.

12. د. محمد زياد حمدان ، تقييم وتوجيه التدريس ،1984.

13. د. محمد زياد حمدان ، تقييم التعليم؟، 1980.

14. د. نادر فهمي الزيود ، مبادئ القياس والتقويم في التربية ، 1980.

15. الدوسري، إبراهيم . 1424هـ ،الإطار المرجعي للتقويم التربوي. الرياض:مطبعة التربية العربي لدول الخليج.
16. الدوسري، راشد.(2004م.القياس والتقويم التربوي الحديث). الطبعة الأولى. الأردن/دار الفكر.
17. السرطاوي ،عبد العزيز والسرطاوي ، زيدان (1988) . التقييم في التربية.
18. سعيد محمد بامشموس وآخرون – التقويم التربوي:. الرياض 1989م.
19. صالح عبد العزيز ، التربية وطرق القياس ، ج2، القاهرة ، دار المعارف.
20. الصوا، غازي وحماد، وليد1425هـ .(تقويم البرامج والسياسات الاجتماعية الأسس النظرية والمنهجية.الرياض:مركز البحوث معهد الإدارة العامة.
21. القمش، مصطفى ،البواليز،محمد،والمعايطة،خليل (2000) القياس والتقويم في التربية الخاصة ،دار الفكر للطباعة والنشر والتوزيع ،عمان- الأردن .
22. عبد الهادي، نبيل، القياس والتقويم التربوي واستخدامه في مجال التدريس الصفي، الطبعة الثانية، 2002.
23. عدس ، عبد الرحمن ، الكيلاني ، عبد الله (1989) القياس والتقويم التربوي في علم النفس والتربية ، مركز الكتب الأردني.
24. عطية، نعيم. "التقييم التربوي الهادف"، دار الكتاب اللبناني، بيروت، ودار الكتاب المصري، القاهرة.
25. علاَّم، صلاح الدين محمود. (2003)، "التقويم التربوي المؤسسي: أسسه ومنهجياته وتطبيقاته في تقويم المدارس"، دار الفكر العربي، القاهرة.
26. المغلوث، فهد. 1417هـ .(تقويم البرامج والمشروعات الاجتماعية). الطبعة الأولى. الرياض – جامعة الملك سعود.
27. منسي، حسن. (2002)، "التقويم التربوي"، الكندي، اربد.
28. النبهان، موسى(2004).(أساسيات القياس في العلوم السلوكية. الطبعة الأولى). الأردن: دار الشرق للنشر والتوزيع .

٢٩. وزارة التربية والتعليم - الاردن/ استراتيجيات التقويم وأدواته - الفريق الوطني للتقويم -٢٠٠٤.

ثانياً: رسائل جامعية:

رسالة ماجستير غير منشورة-. العوامل المؤثرة على تقويم البرامج التدريبية العمري، عوض. ١٤٢٣هـ - الرياض/ جامعة الملك سعود- المملكة العربية السعودية.

ثالثاً: الدوريات:

١- رسالة المعلم / استراتيجيات التقويم وأدواته (د. احمد الثوابية وعبد الحكيم مهيدات)٢٠٠٥ المجلد (٤٣) - العدد ٣-٤ وزارة التربية والتعليم - الاردن المفتي، كمال جعفر.(١٤٠٢هـ/ ١٩٨٢م).فعالية البرامج التدريبية بين القياس والتقويم.
٢- مجلة معهد الإدارة العامة، ع(٣٣).،ص١٠٧-١٢٤ .

رابعاً البحوث:

•الخالدي، ابتسام والسويدي، موزة. (١٩٩٨م) دراسة مدة فاعلية أساليب القياس والتقويم السائدة في مدارس دولة الإمارات العربية المتحد العام الدراسي ١٩٩٧/١٩٩٨.: قسم البحوث التربوية .

خامساً: المراجع الأجنبية:

١- سالي براون ، فل ريس - معايير لتقويم جودة التعليم / ترجمة د. أحمد ممصطفى حليمة -١٩٩٧/ عمان- دار البيارق .
٢- ايزميج روبينز ، التقويم في التربية الحديثة ، ترجمة ، محمد محمد عاشور ، وعطية محمد مهنا ، ١٩٨٥ وهيب سمعان ، التقويم في الأداء الإنساني القياس وديلي.

3- الابن، جميس وجاكسون ، الين وديسك ، جيمس ومود ، ترجمة سعيد الرفاعي).الرياض. (1422هـ/2002م).

4- أنجيلو ، ثوماس ، كروس ، باتيسيا ، 2005 . الأساليب غير التقليدية في التقويم الصفي ، ط1 ، ترجمة حمزة محمد دودين ، دار الكتاب الجامعي .

5–•Rossi، P.m.Lipsey and H. Freeman.(2004).Evaluation; A systematic Approach. London; Sage Publication

6–Booth– R. (Jul/Aug1998).Programme management measures for programmes of action management Accouning; 76،; ABI/InFORM Global. Pg26.

7–Melonghlim J,& Lewis Rena .(1986) Assisi In Special Students (2nd Ed), Merill publishing Company , USA .

8–Heshusius ,L, (1990). Curriculum – Based Assessment and Direct Instruction Critical Reflections on Fundamental Assumptions, Exceptional Children ,Vol 57, No4, pp315–329.

سادساً: المواقع الالكترونية:

1.   http://nb2.jeeran.com/discuss1.htm.

2.   http://www.moe.gov.sa/training/internet/dalel.htm.

3.   http://www.foep.edu.eg/el_etar.htm .

4.   http://www.up.arabsgate.com/pic.php.

5.   http://www.almualem.net.

6.   http://www.world–links.org/discus/arabic.

7.   http://www.maharty.com/vb/forumdisplay.

8.   http://www.4uarab.com/vb/showthread.php?p=435713 .

Printed in the United States
By Bookmasters